시조로 읽는
법 구 경

김 정 빈

경서원
1998

연꽃처럼 청정하시고
정금(精金)처럼 빛나시며
백조처럼 고요하신 부처님,
아름다운 스승이시여.
여기 당신께서 부르신 마음의 노래를
배달겨레의 운율로 바꿔 불러 봅니다.
이곳이 그곳인 듯,
오늘이 그때인 듯.
우리도 이제 행복해지렵니다.
떳떳하고 당당하렵니다.

차 례

제1장 짝의 장 ·· 9
제2장 주의집중의 장 ······························ 15
제3장 마음의 장 ···································· 21
제4장 꽃의 장 ·· 26
제5장 어리석은 자의 장 ························ 31
제6장 지혜로운 사람의 장 ···················· 37
제7장 아라한의 장 ································ 41
제8장 천(千)의 장 ································· 44
제9장 악의 장 ·· 49
제10장 벌의 장 ······································ 53
제11장 늙음의 장 ·································· 58
제12장 자기의 장 ·································· 62
제13장 세상의 장 ·································· 65
제14장 붓다의 장 ·································· 69

제15장 행복의 장 ·· 75
제16장 쾌락의 장 ·· 79
제17장 분노의 장 ·· 83
제18장 때(垢)의 장 ··· 87
제19장 올바름의 장 ·· 93
제20장 길의 장 ·· 98
제21장 여러가지의 장 ·· 104
제22장 지옥의 장 ·· 109
제23장 코끼리의 장 ·· 113
제24장 애욕의 장 ·· 117
제25장 비구의 장 ·· 124
제26장 맑은이의 장 ·· 131
작가의 말 : 부처님 말씀을 보다 가까이 ···················· 143

제1장 짝의 장[1)

1 · 2

마음이 앞서가고 행위가 따르나니
악한 마음으로 말하고 행동하면
고통이 그를 따르리, 수레가 소를 따르듯.

마음이 앞서가고 행위가 따르나니
착한 마음으로 말하고 행동하면
행복이 그를 따르리, 그림자가 물(物)을 따르듯.

3 - 5

그가 나를 욕하고 때리고 굴복시켜
마침내 내 것을 다 앗아갔다 하여
증오를 품고 있으면 괴로움만 남으리.

---

1) 짝의 장 : 이 장은 선행 : 악행처럼 서로 짝을 이루는 게송들을 모았기 때문에 짝의 장이라 한 것이다.

그가 나를 욕하고 때리고 굴복시켜
마침내 내 것을 다 앗아갔다 해도
증오를 품지 않으면 마음은 가벼우리.

실로 원한으로써는 원한을 풀 수 없는 것.
오직 용서로써만 그것을 풀 수 있나니
이것은 영원한 진리, 예나 또 이제나간에.

6

목숨에 끝있음을 그들은 모르누나.
다투며 세월만 보내는 어리석은 사람들.
몇몇의 현자들만이 무리 밖에 머무네.

7 · 8

게으른 수행자는 뿌리 약한 나무 같아라.
감관은 번거롭고 쾌락만 따르나니
마라2)가 풍우처럼 그를 쓰러뜨리리.

---

2) 마라(Māra) : 다섯 가지가 있다. (가) 다섯 가지 감각기관. (나) 도덕적·부도덕적 행위가 남기는 마음의 장애. (다) 죽음. (라) 정욕번뇌·탐욕·성냄·무지. (마) 귀신의 일종으로 죽음의 왕, 즉 염마(閻魔) 또는 염라왕(閻羅王). 보통 그냥 마(魔)라 번역되며, 수행상에 나타날 때에는

정진하는 수행자는 거대한 암벽 같아라.
감관을 다스리고 마음은 깨어 있나니
마라의 폭풍우로도 그를 어찌 못하리.

9 · 10

공덕[3] 있고 없음이 어찌 옷에 달렸으랴?
노란색 가사[4] 속에 있는 것은 번뇌뿐이니
그에겐 아무 이익이 없네, 이름만의 비구[5]라.

그러나 그가 만일 엄정하게 계[6]를 지켜
감관을 다스리고 번뇌에서 벗어나면
노란색 그의 가사는 진실로 고귀한 것.

흔히 마구니(魔軍尼, 魔軍이)라 불린다.
3) 공덕(功德) : 착한 행위가 남기는 좋은 힘. 중생은 이 힘에 의해 행복해질 수 있다.
4) 가사(袈裟) : 불교 교단에 출가한 비구·비구니들이 입는 옷. 여러 쪽을 잇대어 만든 네모난 천으로서 석 장이 한 벌을 이루며 몸에 둘러 입는다.
5) 비구(比丘) : 불교 교단에 출가한 남자 수행자. 여자의 경우는 비구니(比丘尼).
6) 계(戒) : 불교인이 지켜야 할 윤리 규범. 출가자에게는 수백 가지가 주어지며, 그를 어겼을 경우 교단으로부터 정해진 견책을 받는다. 재가 신자에게는 모두 다섯 가지의 계(五戒)가 주어진다.

11 · 12

어리석은 자들은 혼란되어 있어라.
참과 거짓을 뒤바꿔 여기나니
이같은 여김으로는 참을 보지 못하리.

지혜로운 이들은 있는 그대로 보나니
참은 곧 참이요 거짓은 또한 거짓이라.
이같은 관찰로써만 참다움에 이르리.

13 · 14

허름한 지붕에 스며드는 빗물처럼
탐욕과 갈망이 마음에 스며드나니
비구여, 네 수행 또한 성글었던 탓이다.

튼튼한 지붕에 떨어지는 빗물처럼
탐욕과 갈망이 스며들지 못하나니
비구여, 네 수행정진[7]이 밀밀했던[8] 연고[9]라.

---

7) 수행정진(修行精進) : 수행은 깨달음을 성취하기 위해 몸과 마음을 닦는 것. 정진은 꾸준하고 끈질긴 노력.
8) 밀밀(密密)하다 : 빽빽하여 틈이 없다.
9) 연고(緣故) : 까닭.

15 · 16

악행은 씨앗되고 괴로움은 열매되어[10]
이생에도 다음 생에도[11] 한숨이요 탄식이라.
이처럼 양쪽 세상에서 고통스런 악인들.

선행은 원인되고 즐거움은 결과되어
이생에도 다음 생에도 보람이요 행복이라.
이처럼 양쪽 세상에서 기뻐하는 선인들.

17 · 18

아아 나는 악행을 저질렀구나 하며
마음은 번민하고 몸은 괴로운 뒤
지옥에 가서 나리니 가엾을손 악인들.

아아 나는 선행을 쌓았구나 하며
마음은 평화롭고 몸은 즐거운 뒤
천상에 화하여 나리니[12] 부러울손 선인들.

---

10) 악행에 고통스러운 결과가 오고 선행에는 행복한 결과가 온다는 이치를 인과법(因果法)이라 부른다.
11) 이생에도 다음 생에도:이것은 윤회(輪廻)를 전제로 한 말이다. 불교에서는 중생(衆生), 즉 생명 있는 존재는 깨달음을 성취하여 해탈하지 못하는 한 되풀이하여 생명을 받아 태어나게 된다고 가르친다.
12) 천상에 화(化)하여 나리니:해탈하지 못한 중생이 되풀이 태어나는 세계는 모두 여섯 곳이 있다. 행복을 누리는 하늘 세계(天)와 여러 가

19 · 20

남의 소를 헤아린들 네 것 될 리 있느냐?
게을러 수행 않는 비구도 그와 같아서
뜻없이 경만 읽으나 이익됨은 없으리.

경을 적게 읽더라도 곧바로 실천하라.
마침내 번뇌가 다해 탐진치13)가 없어지면
그것이 그대의 이익, 다른 이와 나누라.

지가 모두 가능한 인간 세계(人間), 싸움질하는 귀신들의 세계(修羅), 짐승과 곤충들처럼 하천한 생명의 세계(畜生), 배고픈 귀신들의 세계(餓鬼), 그리고 고통이 계속되는 세계인 지옥(地獄)이 그것이다. 이 여섯 갈래의 길을 육도(六途)라 하는데, 그 가운데 천상이나 지옥에는 태(胎)를 거쳐서 나지 않고 변화하여 나므로 화하여 난다고 한 것이다.

13) 탐진치(貪瞋癡):탐은 욕심, 진은 성냄·짜증·불쾌감 따위, 치는 어리석음. 이 셋을 통칭하여 삼독(三毒), 즉 세 가지 독이라 부른다. 이것들이 중생을 괴롭히는 번뇌의 원인이기 때문이다.

제2장 주의집중[1]①의 장

21 - 23

죽음을 벗어나는 놀라운 길 예 있으니
몸과 마음에 주의를 집중하여[1]
깨어서 살필지니라, 그리하면 불사 이루리.[2]

이같은 진실을 분명하게 이해하고
언제 어디서나 주의집중에 머물라.
그러면 법희[3] 가운데 성도과[4]를 얻으리.

---

[1] 몸과 마음에 주의를 집중하여 : 20쪽의 미주 ①에서 설명하고 있는 주의집중 수행 가운데 위빠싸나는 수행자가 스스로 자신의 몸과 마음을 알아차리는 수행법이다(보다 구체적으로는 몸(身)·느낌(受)·마음(心)·법(法) 등 네 가지). 주의집중 수행은 이 위빠싸나와, 정해진 여러가지 수행 주제를 대상으로 마음을 모으는 사마타를 다 포함하지만 여기서는 위빠싸나 쪽에 중점을 두어 옮겨 보았다.

[2] 불사(不死) 이루리 : 두 가지로 해석할 수 있겠다. (가) 한번은 죽지만 다시는 삶을 받아 윤회하지 않는다는 뜻. (나) 중생은 공포와 거부감으로써 죽음을 맞이하므로 죽음이 나쁜 것이지만, 깨달음을 성취한 성자는 완전한 평화 가운데 죽음을 맞으므로 죽음도 나쁜 것이 아니라는 뜻.

현자는 끊임없이 주의집중을 수행하여
내적 고요와 평화를 성취하나니
열반5)은 위 없는 자유, 행복이요 기쁨이다.

24

주의집중으로써 마음을 맑혀가라.
매사에 사려깊고 법다이 행동하라.

---

3) 법희(法喜) : 수행을 통하여 얻는 진리(法)의 기쁨. 법은 넓은 의미에서는 있는 그대로의 진실(즉 진리)을, 좁은 의미에서는 부처님에 의해 가르쳐진 바 내용(敎法)을 의미한다.

4) 성도과(聖道果) : 수행을 통해 얻게 되는 성스러운 경지에는 모두 넷이 있다. 그리고 각각의 경지는 다시 그 경지로 나아가는 과정의 경지(道)와 그 경지에 도달해 마친 경지(果)로 나뉘어 모두 여덟 경지가 있게 되는데, 이를 도과(道果)라 한다. 이 가운데 수다원에 이르면 깨달음의 흐름에 듦으로써 깨달음이 확정되어 최소한 일곱 생 안에 해탈하게 되며(預流), 사다함은 다음 한 번 생 안에(一來), 아나함은 설사 이번 생에 깨달음을 얻지 못하더라도 다음 생에 천상에 나서 깨닫게 되고(不來), 아라한은 이번 생에 깨달음을 성취해 마친, 하늘과 인간들이 모두 공양해야 마땅한 최고의 성자이다(應供). 여덟 경지는 다음과 같다.

  수다원도(須陀洹道) 수다원과(須陀洹果) 사다함도(斯陀含道)
  사다함과(斯陀含果) 아나함도(阿那含道) 아나함과(阿那含果)
  아라한도(阿羅漢道) 아라한과(阿羅漢果)

5) 열반(涅槃) : 빠알리 어의 닙바나(nibbāna), 산스크리트 어의 니르와나(nirvaṇa)를 옮긴 말. 번뇌의 불이 꺼져서 시원해진 불교의 이상경(理想境).

그러면 명예와 존경은 착실히 늘어가리.

25

으뜸가는 노력으로 주의집중을 수행하여
단련된 자기 자신을 의지처로 삼는다면
그 어떤 홍수[6]도 그를 쓸어가지 못하리.

26

어리석은 자들에겐 주의집중이 없나니
현명한 이들만이 이를 닦아가누나.
세상에 으뜸 보배는 주의집중 그것뿐.

27

산만(散漫)과 쾌락으로부터 멀리 벗어나라.
네 심신의 현상을 밀밀히 관찰하라.
그러면 위 없는 큰 행복을 성취하여 마치리.

28

현자는 주의집중으로써 슬픔에서 벗어나

---

6) 홍수 : 여기서는 생사윤회 속에 중생을 몰아넣는 것들. (가) 감각적인 쾌락. (나) 그릇된 믿음. (다) 자아에 대한 집착. (라) 사성제(四聖諦)를 모르는 어리석음. 사성제에 대해서는 34쪽의 각주 7) 참조

지혜의 정상에 올라 중생을 내려다본다.
산 위에 오른 사람이 밑을 내려다보듯이.

29

주의집중으로 늘 깨어 있는 현자는
언제나 향상이요 어디서나 발전하나니
준마가 둔마를 제치고 앞으로 치달리듯.

30

주의력깊은 마가[7]는 천왕이 되었도다.
이처럼 주의력에는 칭찬이 뒤따르나
나태에 뒤따르는 건 사람들의 비웃음.

31

주의집중을 기뻐하고 무관심을 두려워하면
장애를 제거하고 번뇌를 무찌르나니
불길이 크고 작은 것들을 모두 태워버리듯.

32

주의집중 수행을 기뻐하는 수행자는

---

7) 마가(Magha) : 사람 이름. 이 게송은 그 때문에 읊어진 것이다.

게으름과 무관심을 한사코 피하나니
열반에 가까워지리, 물러섬이 없기에.

1① 주의집중(注意集中) : 근본불교의 핵심적인 명상 수행법. 빠알리 어의 사띠(sati)를 옮긴 말로, 한자 어로는 염(念), 최근 우리나라에서는 마음집중, 또는 마음챙김이라 번역되고 있기도 하다. 주의집중 수행법은 다시 사마타(samātna)와 위빠싸나(vīpassana)로 나뉜다. 이 둘을 비교하면 다음과 같다.

첫째, 사마타에서는 마음을 수행주제에 집중만 하고, 위빠싸나에서는 집중하는 한편 그 대상을 알아차린다.
둘째, 사마타의 수행주제는 수행자 자신이 아닌 어떤 것일 경우가 많지만, 위빠싸나의 경우는 자기 자신이다.
셋째, 사마타의 수행주제는 하나인 경우가 많지만, 위빠싸나의 경우는 여러가지다.
넷째, 사마타의 수행주제는 관념적인 경우가 많지만, 위빠싸나의 경우는 사실적이다.
다섯째, 사마타의 수행법은 조작적·인위적인 경우가 많지만 위빠싸나의 경우는 비조작적·자연적이다.
그 결과 사마타와 위빠싸나의 수행결과가 달라진다. 즉, 사마타 수행자는 수행주제에 마음을 몰입하여 망아지경(忘我之境)에 이름으로써 삼매를 성취하고, 그를 통해 지극한 평온감을 느낀다. 그에 비해 위빠싸나 수행자는 수행주제에 지나치게 집중하지는 않으며, 그럼으로써 남는 정신력을 알아차림에 쏟아부음으로써 자기의 몸과 마음의 본성을 통찰하여 그것이 무상(無常)하고, 괴롭고(苦), 자아가 없다(無我)는 세 진리를 꿰뚫어 보는데, 그것이 깨달음이다. 이에 비해 사마타 수행자는 위빠싸나 수행자보다 더 깊은 선정에 들 수는 있으나 자기 자신을 대상으로 한 위의 세 진리를 아직 보지(깨닫지) 못하기 때문에 선정에서 나오면 다시 미세한 번뇌가 움직이게 된다.
따라서 사띠를 우리말로 옮김에 있어 '주의집중'이라는 말을 사용함으로써 '집중'에는 사마타와 위빠싸나가 공유하는 집중의 측면을, '주의'에는 위빠싸나에만 있는 알아차림·통찰·관찰의 측면을 담아 본 것이다.

제3장 마음의 장

33 · 34

마음은 변덕스러워 다스리기 어려운 것
오직 현자만이 능숙하게 다스리나니
전공[1]이 굽은 화살을 곧바르게 펴듯이.

물 없는 땅위에서 물고기가 뛰듯이
마음도 흔들리고 떨며 몸부림친다,
마라의 장애로부터 벗어나려는 순간에.

35

제 좋은 곳을 향해 가볍게 흘러가는
오직 마음 하나만을 훌륭히 다스리라.
참행복 얻을 길이란 오직 그것뿐이니.

---

1) 전공(箭工) : 굽은 화살을 불에 굽히면서 펴는 일을 하는 사람.

36

섬세하여라 마음은! 진정 보기 어려워라!
현자만이 그런 마음을 굳건히 지키나니
지켜진 마음이 그에게 행복을 가져다 준다.

37

끝없이 방황하고 홀로 움직이며[2]
물질이 아니면서도 물질 속에 숨는다.
이같은 마음을 다스려 염마[3]로부터 벗어나라.

38 · 39

마음은 불안정하고 법[4]에 대한 이해 없어

---

2) 홀로 움직이며 : 마음은 한 찰나에는 한 마음이 작용할 뿐이기 때문에. 즉, 마음은 흘러가는 물처럼 연속적인 것이 아니라 끝임없이 명멸하는 전기불처럼 단속적(斷續的)이라고 가르쳐진다.
3) 염마(閻魔) : 염라대왕. 죽음을 관장하는 신. 10쪽의 각주 2) '마라' 참조
4) 법(法) : 빠알리(Pali) 어의 담마(Dhamma)를 옮긴 말. 여러 가지 뜻이 있으나 여기서는 부처님에 의해 제시된 진리를 가리킨다. 법을 넓은 의미에서부터 좁은 의미 쪽으로 정의해 나가 보면 우주 사물 자체 ― 그 사물이 함축하고 있는 이치·법칙― 그 이치·법칙 가운데 중생의 행·불행과 관련된 것들― 부처님에 의해 깨달아졌고 제시되었던, 중생의 행·불행과 관련된 가르침(경전)― 그 가운데서도 가장 높은 수준의 가르침인 깨달음·해탈·열반에 관한 것들, 또는 그 경지를 가리킨다. 또한 인간이 마음에서 짓는 생각·관념 등도 법이라 한다. 산스크리트 어로는 다르마(Dharma)로.

신심이 유약하니 꿋꿋할 수 있으랴?
지혜도 완전치 못하네, 어디서나 방황뿐.

마음이 탐욕과 성냄을 벗어났고
선악을 초월하여5) 경각심에 차 있나니
그 어떤 위험6)도 없네, 이름하여 해탈자.

---

5) 선악을 초월하여 : 불교는 세 차원의 가치관을 제시한다. 첫째 차원은 악행-고통의 차원이고, 둘째 차원은 선행-행복의 차원이다. 그런데, 둘째 차원은 첫째 차원과 서로 상대적으로 의지되어 있기 때문에 절대적인 행복이 되지 못한다. 즉, 그 행복도 시간이 흐르면 무너지게 되어 결과적으로는 고통과 행복의 반복을 면할 수 없다. 그리하여 부처님께서는 그에 대응하는 참행복을 제시하셨는데, 그것이 세째 차원으로서, 깨달음으로써 달성되는 해탈과 열반이 그것이다. 그러므로 불제자는 먼저 고통의 차원에서 행복의 차원으로 향상해야 하고, 거기서 더 나아가 참행복의 차원에 이르러야 하는데, 그러려면 선악 모두를 초월하여야 한다. 여기서 선악 모두를 초월한다는 것은 선을 행하지 않는다는 것이 아니라 선을 행하되 행했다는 의식이 없이 순수하게 행하라는 뜻이요, 선악이 시작되기 전의 순수한 차원에 머물라는 뜻이라 하겠다. 이 이치는 법구경 183번 게송을 참고하면 쉽게 이해가 될 것이다.

일체의 악행을 저지르지 않고	諸惡莫作	(첫째 차원: 고통)
모든 착한 일 힘껏 행하며	衆善奉行	(둘째 차원: 행복)
자기의 마음을 깨끗이 하는 것	自淨其意	(세째 차원: 참행복)
이것이 모든 부처님의 가르침이다.	是諸佛敎	

여기서 '모든 부처님'이라 한 것은 과거의 부처님은 물론 미래에 나타나실 부처님들도 이 법에 의해 설하시기 때문이다.

6) 위험 : 늙고, 병들고, 죽는 생사윤회의 위험.

40

육신의 허무함은 질그릇과 같아라.
그러므로 마음을 성곽처럼 만들라.
그러면 무집착 속에 마라를 정복하리.

41

오래지 않아 이 몸 흙바닥에 버려지고
마음 또한 어디론가 흩어져 버릴 때
덧없다, 썩은 나무토막보다 소용없을 이 내 몸!

42

타락되고 집착된 헛된 마음[7]이여!
남에게 해 끼치고 자신도 더럽히나니
차라리 원수보다도 무서울손 그 마음.

43

어머니도 아버지도 할 수 있는 일 아니요
그 어떤 친지도 줄 수 없는 참된 이익.
올바른 그대 마음[8]이 성취시켜 주느니라.

---

7) 타락되고 집착된 헛된 마음 : 열 가지가 있다. (1)살생 (2) 도둑질 (3) 음욕 (4)거짓말 (5)남을 비방하는 말 (6)욕설 (7) 허황된 말 (8)욕심 (9)성냄 · 증오 · 짜증 (10)삿된 믿음.

8) 올바른 마음 : 열 가지가 있다. (1)베푸는 마음 (2)계를 지키는 마음 (3)좌선 수행하는 마음 (4)어른을 존경하는 마음 (5)봉사의 마음 (6)지은 공덕을 다른 사람에게 되돌리는 마음 (7)다른 사람의 공덕을 기뻐해 주는 마음 (8)설법을 듣는 마음 (9)법을 실천한 경험을 남에게 말해 주는 마음 (10)자기 견해를 바르게 하여 법을 배워 실천하는 마음.

제4장 꽃의 장

44 · 45

누가 있어 인간과 천상을 이해하며
드높은 법들을 실천하여 분별하리?
원정1)이 꽃밭 속에서 꽃송이를 고르듯.

여기 수행자가 인간과 천상 세계와
드높은 법들을 실천하여 분별하리라.
원정이 꽃밭 속에서 꽃송이를 고르듯.

46

심신이 아지랑이요 물거품이라고 깨달아
꽃대 같은 감각의 쾌락을 꺾었다면
마라도 그를 보지 못하리, 죽음 이겨냈기에.

---

1) 원정(園丁) : 정확하게는 꽃을 가꾸는 사람, 즉 화훼사(花卉師)라 해야 할 것이나, 번역상의 편의 때문에 원정이라 하였다.

47 · 48

꽃을 즐기듯 쾌락에 빠진 자들을
죽음은 순식간에 앗아가 버리나니
홍수2)가 잠든 마을을 휩쓸어가 버리듯.

꽃을 즐기듯 쾌락에 빠진 자들을
죽음은 맨먼저 앗아가 버리나니
그들이 쾌락에 미처 만족하기도 전에.

49

꽃의 향기·빛깔·모양을 손상치 않고
꿀만을 얻어 날아가는 벌처럼
비구의 탁발3)도 또한 그같아야 하리라.

50

그가 선했다 또는 악했다 하여
무단히 마음 써도 아무 이익 없어라.

---

2) 홍수 : 홍수와 범람하는 물은 흔히 생사윤회의 위험에 비유되고, 불법에 의지하는 것은 이같은 홍수를 벗어나 안전한 섬(삼각주)에 오르는 것에 비유된다.
3) 탁발(托鉢) : 음식을 비는 일. 비구는 남으로부터 음식을 빌어서 생활하도록 되어 있다.

자신의 선행·악행만 깊이 살펴 족하리.

51 · 52

아름다우나 향기 없는 꽃 무슨 이익 있으랴?
부처님의 법도 또한 그같이 아름다우나
수행이 따르잖으면 이익됨은 없으리.

아름답고 향기로운 꽃이 널리 이익을 주듯
부처님의 아름다운 법도 또한 그같아서
수행이 뒤따른다면 참이익을 얻으리.

53

아름다운 꽃을 주워 꽃둘레[4]를 만들듯
그대여, 태어나 죽게 되는 그 때까지
깨끗한 행위의 꽃둘레 만들고 또 만들라.

54 - 56

뭇 향기는 바람을 거슬러 못 가나니
꽃이며 산달[5]이며 자스민향 또한 그러하다.

---

4) 꽃둘레 : 꽃으로 만든 목걸이.
5) 산달(sandal) : 떨구슬 나무. 일명 전단(檀) 나무. 향기가 좋기로 유명하

다만 덕, 그 향기만이 사방으로 퍼진다.

산달향과 따가라⁶⁾향, 연꽃향과 자스민향.
이 모든 향들을 어찌 계향⁷⁾에 비할 것가?
위 아래 향 가운데 으뜸은 너뿐인가 하노라.

따가라와 산달향은 차라리 미미한 것.
계행의 향기가 훨씬 더 강하기에.
천상에 이르는 향⁸⁾은 그뿐인가 하노라.

57

계를 잘 지켜 행위를 단속하고
올바른 깨달음으로 해탈을 성취했다면
마라도 그의 자취를 찾을 수는 없으리.

다.
6) 따가라(tagara) : 남아메리카와 아시아에 서식하는 꽃으로 한국의 영산홍과 비슷함. 그 뿌리를 가공하여 향기를 얻는다.
7) 계향(戒香) : 계에 따라 깨끗하게 행동함으로써 우러나오는 덕을 향기에 비유한 것.
8) 천상에 이르는 향이 게송은 마하까싸빠(Maha-Kassapa : 마하가섭) 존자가 멸진정(滅盡定)이라는 최고의 선정(禪定 : 정신통일)에서 나왔을 때 천왕이 향기나는 음식을 공양한 일이 인연이 되어 읊어진 것이다.

58 · 59

큰길가 더러운 쓰레기더미 속에서
해맑고 향기로운 연꽃이 피어나
수많은 사람들에게 즐거움을 주듯이

눈 멀고 어리석은 사람들 가운에
맑은 지혜로써 영광되어 빛나나니
그들은 최고 정각자[9]의 성제자들이다.

---

9) 정각자(正覺者) : 빠알리 어의 삼마삼붓다(samma-sam-buddha)를 옮긴 말. 부처님께서는 올바르고, 평등하여 기울어진 데가 없으며, 위 없는(최고의) 진리를 깨달으신 분이므로 무상정등각자(無上正等**覺者**), 줄여서 정각자라 불리운다.

제5장 어리석은 자의 장

60

잠 못 이루는 사람에게 밤은 길고
피곤한 여행자에게 1 요자나¹⁾는 멀며
진리를 모르는 자에게 생사윤회 멀어라.

61

어리석은 자와는 벗할 수 없는 것.
동등하거나 더 나은 수행의 벗 없을 바엔
차라리 홀로 머물러 닦아감이 나으리.

62

아들과 재산있다고 그들은 집착하나
제 몸도 오히려 자기 것이 아니거늘²⁾

---

1) 요자나(yojana) : 고대 인도의 거리 측정 단위. 12km라는 설도 있고, 20 km라는 설도 있다.

우자(愚者)여, 그것이 어찌 너의 것이겠느냐?

63

제 어리석은 줄 알면 차라리 나으려니와
어리석고도 그를 모르니 실로 어두워라.
더하여 현명한 줄로 여기니 우자들의 상례라.

64 · 65

우자는 지자(智者)와 한평생을 살아도
불사의 법을 영영 깨닫지 못하나니
국 속의 국자가 끝내 국맛을 모르듯이.

총명한 이는 지자와 짧게 살아도
불사의 법을 금방 깨닫나니
입 속의 혀가 곧바로 국맛을 알 듯이.

66

자기를 해치는 자 어찌 남이겠느냐?
우자는 방만하게 악행을 저지른 뒤
가혹한 과보를 받나니 원수 바로 자기라.

---

2) 제 몸도 자기 것이 아님 : 자기 몸이 늙고, 병들고, 죽어가는 것을 자기 뜻대로 하지 못한다는 의미에서.

67 · 68

행위의 선과 악은 결과로 나타난다.
그러므로 눈물과 후회에 이르는 행위는
훌륭타 할 수 없나니 미리감치 삼가라.

행위의 선과 악은 결과로 나타난다.
수마나3)여, 네 행동이 큰 기쁨을 낳았나니
누군들 찬탄치 않으리, 후회없을 네 선업4)!

69

악행의 결과가 나타나지 않는 동안
우자는 눈앞의 이익을 꿀처럼 즐기지만
마침내 과보5)가 이르러 큰 고통을 겪으리.

---

3) 수마나(Sumana) : 이 게송의 배경이 된 사람 이름. 그는 왕궁에 꽃을 납품하는 사람이었는데 꽃을 가지고 왕궁으로 가던 중 부처님을 뵙고 신심이 일어나 꽃을 공양하였다. 후에 왕은 그 사실을 알고 그를 꾸짖기는커녕 도리어 많은 상을 내렸는데, 이 일을 두고 부처님께서 이 게송을 읊으신 것이다.
4) 선업(善業) : 착한 행위, 또는 그 행위가 남기는 좋은 힘.
5) 과보(果報) : 원인에 따라 따라오는 갚음. 인과응보(因果應報)의 준말로써 악한 행위에는 고통의 과보가, 착한 행위에는 행복한 과보가 뒤따르게 된다.

70

고행은 우자들이 가는 무의미한 길[6]
곡식 한 알만 먹고 몇 달을 산다 해도
사성제[7] 깨달은 가치의 반의 반[8]도 못 되리.

---

6) 고행(苦行)의 부정 : 부처님은 수행자 시절 고행을 하셨지만 마침내 그것이 무의미함을 깨닫고 중도적인 수행을 하셨으며, 그럼으로써 깨달음을 성취하실 수 있었다.
7) 사성제(四聖諦) : 네 가지 진리라는 뜻이며, 불교를 담는 큰 틀이다. 불교는 고통을 떠나 괴로움을 얻는 것(離苦得樂 : 이고득락)이 목적이므로 부처님께서는 "나는 고(苦)와 그 지멸(止滅)만을 설한다"고 선언하신 바 있다. 이 때 괴로움에도 원인이 있고, 괴로움의 소멸(열반)도 원인에 의해 달성된다. 그리하여 다음 네 가지 진리가 드러나게 되는데, 이것이 사성제이다.
 (1) 괴로움에 관한 성스러운 진리(苦聖諦 : 고성제) : 인간은 육체적으로는 생로병사의 네 가지 괴로움이 있고, 정신적으로는 다음 네 가지 괴로움이 있다. 사랑하지만 헤어져야 하는 괴로움, 싫지만 만나야 하는 괴로움, 원하지만 얻지 못하는 괴로움, 얻어놓으면 쉬 무너지는 괴로움(이것은 '몸과 마음에 집착하는 괴로움'으로 바뀌어 보이는 경우도 많다). 이상 여덟 가지를 팔고(八苦)라 한다.
 (2) 괴로움이 모여 일어남에 관한 성스러운 진리(苦集聖諦 : 고집성제) : 이같은 괴로움이 일어나는 원인을 밝히는 분야이다. 부처님께서는 이와 관련하여 근본 어리석음(無明 : 무명)으로부터 시작하여 늙고 병들어 죽는 괴로움(老死 : 노사)에 이르기까지의 12과정을 밝히셨는데, 이를 12연기(緣起)라 한다(자세한 내용은 생략).
 (3) 괴로움의 소멸에 관한 성스러운 진리(苦滅聖諦 : 고멸성제) : 불교의 이상경인 해탈·열반을 밝히고, 제시한다.
 (4) 괴로움의 소멸에 이르는 길에 관한 성스러운 진리(苦滅道聖諦 : 고멸도성제) : (2)의 고집성제에 의거하여 괴로움을 없애는 방법이 제시된다. 모두 37가지의 길이 제시되는 가운데 여덟으로 된 성스러운 길, 즉 팔정도(八正道)가 이를 대표한다. 팔정도는 다음과 같다.
  (1) 올바른 이해(正見 : 정견)

71

악보(惡報)는 우유 같아서 즉시 엉키지 않네.
그러나 마침내 우자를 따라오나니
잿속에 묻힌 숯불이 벌겋게 달아오르듯.

72

기능과 지식이 아니라 마음이 문제로다.
어리석은 자들은 자기의 능력으로써
자기를 적으로 삼아 복을 깨뜨리누나.

---

　(2) 올바른 생각(正思 : 정사)
　(3) 올바른 언어(正語 : 정어)
　(4) 올바른 행위(正業 : 정업)
　(5) 올바른 직업(正命 : 정명)
　(6) 올바른 노력(正精進 : 정정진)
　(7) 올바른 주의집중(正念 : 정념)
　(8) 올바른 집중몰입(正定)
　부처님의 가르침은 이 네 진리 안에 모두 수용된다. 그 때문에 부처님께서는 "모든 동물의 발자국이 다 코끼리의 발자국 안에 들어오듯이 모든 착한 진리는 모두 사성제 안에 들어온다"고 하셨다. 20쪽의 미주 ① '주의집중'을 참조할 것.
8) 반의 반 : 본래는 16분의 1인데 편의상 바꾼 것이다.

73 · 74

어리석은 마음은 밖으로만 향하나니
남의 위에 서려 하고 권위를 내세우며
턱없이 사람들로부터 존경받으려만 하누나.

"비구나 신자들아, 훌륭한 이번 일은
내가 이룬 것이니 마땅히 나를 따르라."
그러나 이런 생각은 우자의 교만일 뿐.

75

하나는 명예의 길, 다른 하나는 열반의 길.
붓다의 제자들은 이것을 이해하고
고요히 수행에 힘써 집착에서 벗어난다.

제6장 지혜로운 사람의 장

76

제 잘못을 경책하는 지자를 뒤따르라.
보물을 캐러 갈 때 안내를 받듯이.
지자의 지도를 받으면 향상만이 있으리.

77

지자가 다른 이를 충고하고 계도할 때
착한 이는 받아들여 불행을 막으려니와
우자는 거부하리니, 그 누구를 탓하리?

78

어리석은 자들을 어찌하여 가까이 하며
비열한 자들은 또 왜 근친하느냐?
오로지 착한 벗들과 성자들을 사귀라.

79

담마1)의 감로수를 마셔 본 그는
행복한 마음으로 즐거이 살아간다.
지자는 언제 어디서나 깨달음에 머문다.

80

농부는 물길을, 전공은 화살을,
그리고 목수는 나무를 바루듯이
지자는 자기 마음을 곧바로 다스린다.

81

산위의 큰 바위가 바람을 이기듯이
지혜로운 사람도 평정을 지키나니
칭찬과 비방 때문에 흔들리지 않는다.

82

지혜로운 사람은 법을 잘 새겨 들어
자기의 마음을 정숙하게 만드나니
고요히 맑고 잔잔한 호수와도 같아라.

---

1) 담마(dhamma) : 22쪽의 각주 4) '법' 참조

83

덕 높은 사람은 집착을 벗어나서
고요한 마음으로 쾌락을 이기나니
그에겐 혼란 없어라, 좌절 또한 없어라.

84

스스로를 위해서나 남들을 위해서나
아들딸을 위해서도 악을 행치 않나니
이같은 사람이야말로 의롭다고 이르리.

85 · 86

수많은 사람들 중 극히 적은 사람만이
저 언덕[2]에 이르러 고뇌를 그치나니
그밖의 중생들에겐 방황, 혼란, 윤회뿐.

붓다에 의해 잘 선포된 담마여!
이를 따라 진지하게 수행하는 지자는
염마의 왕국을 건너 저 언덕에 이른다.

---

2) 저 언덕(彼岸) : 불교인이 추구하는 이상경(理想境). 이에 상대되는 현실세계는 '이 언덕(此岸)'이라 일컫는다.

87 - 89

세상을 벗어난 슬기로운 수행자[3]는
어두움[4]을 버리고 밝음[5]을 닦아가나니
닙바나[6], 집착을 여읜 큰 즐거움[7]을 찾아서.

쾌락을 포기하기는 진실로 어려운 일
올곧은 수행자만이 오장[8]에 걸림없이
청정히 마음 닦나니 그가 진정 지자라.

욕망의 포기를 즐거움으로 삼나니
번뇌를 남김없이 다 다스린 아라한[9].
세상에 머무는 채로 참지혜를 얻었네.

---

3) 세상을 벗어난 수행자 : 집을 떠나 무소유로 수행에 전념하는 비구를 가리킴.
4) 어두움 : 사성제를 모르는 어리석음.
5) 밝음 : 지혜. 일반적인 지혜도 포함되지만 보통은 진리를 꿰뚫어 봄으로서 얻게 되는 직관지(直觀智)인 빤냐(panna), 즉 반야(般若)를 가리킴.
6) 닙바나(nibbāna) : 16쪽의 각주 5) 참조.
7) 큰 즐거움 : 열반. 16쪽의 각주 5) 참조.
8) 오장(五障) : 깨달음의 성취에 방해가 되는 다섯 가지로 다섯 덮개. 오개(五蓋)라고도 한다. (1)오욕(五欲) (2)성냄 (3)몸이 무겁고 정신이 흐림(수면욕) (4)불안과 초조 (5)법에 대한 의심.
9) 아라한(阿羅漢) : 깨달음을 얻어 번뇌를 완전히 벗어난 최고의 성자. 16쪽의 각주 4) 참조.

제7장 아라한의 장

90

기나긴 생사의 여행¹⁾은 이제 끝났나니
슬픔과 미망으로부터 해탈하였노라.
아라한, 그에게 이제 괴로움은 없으리.

91

주의집중 수행에 쾌락의 탐닉은 없어라.
흰 고니가 진흙 연못을 미련없이 버리듯
아라한, 그는 모든 욕망을 멀리 던져 버렸네.

92 · 93

열반은 텅빈²⁾ 것, 서늘하고 맑은 것.

---

1) 생사의 여행 : 생사윤회를 여행에 비유한 것.
2) 텅 빈 : 빠알리 어로는 순냐따(sunnata). 한문으로는 공(空). 모든 사물

새들이 날아간 허공에 자취라곤 없듯이3)
아라한, 그가 가는 길에도 자취 한 점 없어라.

열반은 텅빈 것, 서늘하고 맑은 것.
새들이 날아간 허공에 자취라곤 없듯이
응공자4), 그가 가는 길에도 자취 한 점 없어라.

94

교만과 번뇌에서 완전하게 벗어났기
길들여진 준마처럼 다듬어진 몸가짐.
천왕도 높이 받드네, 거룩할사 아라한.

95

인욕은 대지와 같고 뜻은 문기둥 같아
칭찬과 비난에도 고요하고 꿋꿋하니
아라한, 그에겐 결코 생사윤회 없어라.

에 실체·주체·자아가 없다는 것이 불교의 핵심 진리 중 하나인데, 이 실체 없는 진리는 표현을 바꿔 '실체가 비어 있음의 진리'로도 가르쳐진다.
3) 자취 없음 : 탐진치(貪瞋痴)의 자취가 없다는 뜻.
4) 응공자(應供者) : 아라한의 다른 이름. 마땅히 공양받을만한 분이라는 뜻.

96

마음만 고요하리? 언어 또한 고요하고
언어만 고요하리? 행동 또한 고요하니
아라한, 진리를 깨달아 행불행을 건넜네.5)

97

열반에 이른 이가 남의 말에 휩쓸리랴?
선과 악을 모두 넘고, 욕망 또한 던져버려
아라한, 생사를 끊은 으뜸가는 성자여!

98

마을이나 숲속이나 골짜기나 언덕이나
그곳이 어디이든 즐거움이 가득하니
아라한, 그가 머물면 시원한 곳, 맑은 곳!

99

숲속이 즐거운 줄 그들6)이 어찌 알리?
욕망에서 자유로워 여기에 머무나니
아라한, 오욕7)을 벗어난 무소유의8) 성자여!

---

5) 행불행을 건너다 : 23쪽의 각주 5) 참조.
6) 그들 : 세속 사람들.
7) 오욕(五欲) : 재물, 이성(色), 음식, 명예, 수면(잠) 등 다섯 가지 욕심.

제8장 천(千)의 장

100 - 102

열반과 관련 없는 일천의 법문1)보다
마음을 고요케 해주는 한 마디의 법문이
훨씬 더 값진 줄 알라, 그대 말 많은 이여.

열반과 관련 없는 일천 게송2) 듣느니보다
마음을 고요케 해주는 게송 하나를 들을지니
그게 더 값진 줄 알라, 들음 헤픈 그대여.

열반과 관련 없는 일백 게송 읊기보다
마음을 고요케 해주는 게송 하나를 읊을지니

---

8) 무소유(無所有) : 가진 것이 없음.
1) 법문(法門) : 법(진리)에 관한 가르침. 법으로 들어가는 문이 된다는 뜻에서 법문이라 한 것이다.
2) 게송(偈頌) : 법을 넉 줄, 또는 여섯 줄의 시로 읊어 놓은 것. 그냥 게(偈)라고도 하며, 부처님께서는 보통 법문을 하신 후 그 내용을 게송으로 정리하심으로써 기억하기 쉽도록 하셨다.

그게 더 값진 줄 알라, 낭송[3] 헤픈 그대여.

103 - 105

일천 전쟁을 이겨도, 백만대군을 이겨도
욕망과 번뇌에 지면 무슨 소용 있으리?
자기를 이긴[4] 사람이 훨씬 더 나으니라[5].

자기를 이김이 남 이김보다 나은 것.
그러므로 자기 자신을 이기라, 다스리라.
그러면 모든 행동에 자재[6]함을 얻으리.

천왕[7]도, 염마왕도, 그 어떤 신일지라도
자기에게 이긴 이를 어찌지는 못하나니
결단코 패배는 없네, 그가 진정 승리자.

---

3) 낭송(朗頌) : 시를 읊음.
4) 자기를 이긴 : 자기 마음 속의 적인 탐진치를 이긴.
5) 비록 외적을 이겼어도 마음 속의 적을 이기지 못하면 최후의 안식을 얻을 수 없기 때문에.
6) 자재(自在) : 자기 마음대로 있고, 자기 마음대로 한다는 뜻인 자유자재(自由自在)의 준말.
7) 천왕(天王) : 행복한 하늘 세계에 사는 이들을 다스리는 왕.

106 · 107

평범한 사람에게도 베풀면 이익있고
신에게 제를 올려도 공덕 없지 않으나
청정한 수행 비구에게 공양8)함만은 못하리.

백년 동안 불의 신9)을 숭배하는 것이나
백년 동안 제를 올려 공덕 비는 것보다는
청정한 수행 비구에게 예배함이 나으리.

108

일년 동안 제를 올려 얻게 되는 공덕보다
주의집중 수행하는 성스러운 비구에게
한 순간 예경올림이 두 배 세 배 나으리.

109

덕 높고 나이 많은 이들을 존경하면
네 가지 이익이 그를 따라오나니
명10) 길고 모습은 곱고 행복하고 건강하리.

---

8) 공양(供養) : 수행자에게 물건을 줌. 또는 불교에서 식사, 또는 식사를 제공하는 일을 높여 부르는 말.
9) 불의 신 : 불(火)을 주재하는 신. 고대 인도에서 널리 믿어졌음.
10) 명(命) : 목숨, 수명.

110 · 112

감각에 부림당해 백년을 살지라도
단 하루 계를 지켜 몸 닦아 사는 것이
그보다 훨씬 낫나니 몸을 바로 가지라.

감각에 부림당해 백년을 살지라도
단 하루 지혜롭게 마음 닦아 사는 것이
그보다 훨씬 낫나니 마음 바로 가지라.

게으르고 노력없이 백년을 살지라도
단 하루 지관[11] 닦아 용맹하게 사는 것이
그보다 훨씬 낫나니 좌선 정진 힘쓰라.

113 · 114

제 몸 제 마음이 무엇인지 모른 채로[12]
헛되이 백년을 산들 무슨 보람 있으랴?

---

11) 지관(止觀) : 근본불교 당시의 선정(정신통일) 수행은 크게 두 부류로 나뉘는데 사마타와 위빠싸나가 그것이다. 이중 사마타를 지라 하고 위빠싸나를 관이라 한다. 이에 관한 자세한 설명은 20쪽의 미주 ① 참조
12) 제 몸 제 마음이 무엇인지 모른 채로 : 위빠싸나 수행은 자기의 몸과 마음에 주의집중하여 그 참성품을 깨닫는 수행법이므로 이렇게 말한 것이다.

그것을 깨닫고 사는 하루가 더 나으리.

죽음 넘는 초월의 길 까마득 모른 채로
헛되이 백년을 산들 무슨 보람 있으랴?
그것을 깨닫고 사는 하루가 더 나으리.

115

길은 여기 있나니, 모두들 와서 보라.
깨달음의 길 어두워 암담한 백년 삶이
밝은 길 알고서 사는 하루 삶만 같으랴?

제9장 악의 장

116 - 118

착한 일 생각했거든 그대 얼른 서두르라.
악한 일 생각했거든 그대 얼른 억제하라.
급하고 느릴 두 일을 부디 잘 분별하라.

불선을 한번 행했다 부디 낭패치 말고
이제라도 그칠지니 다시는 되풀이 말라.
불선에 뒤따르는 건 고통·불행뿐이기에.

착한 일 한번 행했다 부디 자만치 말고
그것을 계속하고 또다시 행하여라.
선행에 뒤따르는 건 기쁨·행복뿐이기에.

119 · 120

악행도 익는 데는 시간이 걸리누나.
이 때문에 악인도 한때는 행복하지만
그 과보 닥칠 때에는 큰 고통을 당하리.

선행도 익는 데는 시간이 걸리누나.
이 때문에 선인도 한때는 불행하지만
그 공덕 다가올 때는 큰 행복을 누리리.

121 · 122

방울져 떨어진 물이 큰 독을 채우듯이
이까짓 작은 일이 무슨 죄가 되랴 하나
조그만 허물이 쌓여 큰 허물을 만든다.

방울져 떨어진 물이 큰 독을 채우듯이
이 작은 착한 일이 무슨 공덕 되랴 하나
조그만 선행이 쌓여 큰 공덕을 이룬다.

123

조그만 악한 일도 마땅히 피하거라.
상인이 협조자들과 위험한 길 피하듯이,

노인이 오래 살고자 독약을 피하듯이.

124

상처 없는 사람에겐 독약도 해가 없듯
악의를 뿌리뽑아 마음이 맑아지면
악행도 붙을 수 없네, 그를 해칠 수 없네.

125

바람을 마주하고 먼지를 던질 때처럼
악행의 과보는 자신에게 돌아오나니
하물며 선한 이에게 악을 어찌 행하랴?

126

죽어서 가는 길은 저마다 같지 않네.
인간으로, 지옥으로, 축생으로, 천상으로1).
번뇌를 없앤 아라한만은 가는 곳이 없어라2).

---

1) 인간(人間), 지옥(地獄), 축생(畜生), 천상(天上):불교는 중생이란 끊임없이 삶을 되풀이한다고 가르친다. 이에 따라 중생은 자기가 지은 업에 따라 여섯 차원의 세계를 오르내리게 되는데, 이를 육도윤회(六途輪廻)라 한다. 육도, 즉 여섯 길은 각각 행복을 누리는 하늘(天) 세계와 여러 가지가 두루 가능한 인간 세계 등 좋은 두 길과 네 가지 나쁜 길로 분류된다. 네 가지 나쁜 길 중 수라(修羅)는 싸움질하는 귀신의 세계, 축생은 짐승·새·물고기의 세계, 아귀(餓鬼)는 배고픈 귀신의 세계이고, 지옥은 고통이 계속되는 세계이다.

127 · 128

하늘 위도 아니로다, 바다속도 아니로다.
동굴도 또한 아니니, 그 어느곳도 아니로다.
악행의 과보를 피할 곳은 어디에도 없어라.

하늘 위도 아니로다, 바다속도 아니로다.
동굴도 또한 아니니, 그 어느곳도 아니로다.
죽음을 피하고 면할 곳은 어디에도 없어라.

---

2) 번뇌를 없앤 아라한은 가는 곳이 없다 : 앞의 각주에서 설명한 육도윤회를 완전히 벗어나는 것이 깨달음·해탈·열반인데 아라한은 그 경지에 이르렀으므로 이번 생을 마치면 가는 세계가 없다.

제10장 벌의 장

129 · 130

매 맞는 것 죽는 것을 좋아하는 이는 없네.
내가 그를 싫어한다면 남도 또한 싫어하리니
처지를 바꿔 생각할진대 어찌 남을 해치리?

매 맞는 것 싫어하고 자기 생명 아끼는 건
열이면 열, 백이면 백, 중생의 상정(常情)이니
처지를 바꿔 생각할진대 어찌 남을 해치리?

131 · 132

제 행복하려고 남을 짓밟는다면
어찌 모순 아니리? 깊이 생각해 보라.
그에겐 행복 없으리, 이번 생도, 다음 생[1]도.

---

1) 다음 생(生) : 이번에 죽어서 새로 태어나게 되는 다음 생.

행복을 추구하되 다른 이를 아낀다면
어찌 복이 아니리? 널리 생각해 보라.
그에겐 행복 넘치리, 이번 생도, 다음 생도.

133 · 134

사납게 말하지 말라, 거짓말도 하지 말라.
허튼 말, 양쪽말2)도 또한 그만둘지니
그 말이 고통이 되어 다시 돌아오기에.

깨어진 징과 같이, 찢어진 북과 같이
잠잠히 자신을 다스려 조용해질 수 있다면
사나움 이긴 그에게 해탈 멀지 않으리.

135

두렵다, 저 목동이 채찍을 휘두르며
소떼를 휘몰아 목장으로 들어가듯
늙음과 죽음이 또한 중생3) 몰아 가누나.

---

2) 양쪽 말 : 이쪽과 저쪽에서 다르게 하는 말, 즉 이간질하는 말. 양설(兩舌)이라고 하며, 말로서 짓는 악업 가운데에는 이것 말고도 험담(惡口), 거짓말(綺語), 불필요한 말(妄語)이 있다.
3) 중생(衆生) : 정식(情識)이 있는 모든 생명체. 윤회하고, 여럿이 모여 살며, 많은 인연이 화합하여 생겨나는 존재로 깨달음을 얻어야 중생 차원을 벗어나게 된다.

136

악행을 저지르고도 악행임을 모르나니
고통의 과보에도 과보임을 모르누나.
뜨거운 그 고통 원인은 깊은 어리석음뿐.

137 - 140

선인과 약자에게 해를 끼치지 말라.
그들에게 무기로써 상해(傷害)를 가한다면
다음 몇 가지 중 하나에 그는 떨어지리라.

극심하게 참기 어려운 고통 가운데 처함.
가난해지거나 팔다리를 잃어버림.
문둥병·간질병 따위의 모진 병을 앓게 됨.

정신이상이 되거나 재산을 몰수당함.
명예를 잃거나 고소·고발을 당함.
가까운 가족 중에서 생명 잃는 자가 생김.

천재지변 등으로 재산을 잃어버림.
집이 불에 타거나 벼락이 떨어짐.
그런 뒤 지옥에 떨어져 큰 고통을 당하리.

141

벌거벗음도 아니요 굶는 것도 아니며
머리 풀고 흙바름도 올바른 길 아니니
의심4)을 떠난 뒤에야 올바른 길 있도다.

142

비록 그가 화려한 관복5)을 입었어도
마음이 고요하고 번뇌가 다했다면
그 어찌 비구 아니랴, 수행자가 아니랴?

143 · 144

앞만 보고 치달리는 준마에 채찍질하랴?
스스로 경책하여 수행에 힘쓰나니
이런 이 흔치 않아라, 사람 중의 준마라.

채찍의 그림자만 보고도 내달리는
영민한 준마처럼 부지런히 정진하여
신심과 주의집중으로 모든 고통 떨쳤네.6)

---

4) 의심 : 법에 대한 의심.
5) 관복(官服) : 이 게송의 배경이 된 주인공은 장관 신분이었고, 깨달음을 이룰 때 마침 장관의 옷차림을 하고 있었다.
6) 이 게송은 부처님께서 스스로를 경책하여 마침내 깨달음을 얻은 수행자를 칭찬하여 읊으신 것이다.

145

농부는 물길을, 전공은 화살을
그리고 목수는 나무를 바루듯이
지자는 자기 마음을 곧바로 다스린다.7)

---

7) 이 게송은 80번 게송과 같다.

제11장 늙음의 장

146

세상은 불타는 집, 어찌하여 웃는가?
삼계1)는 어둠의 굴, 무엇이 즐거운가?
불타는 집을 떠나라, 어둠에서 나오라.

147

화려한 옷에 가린 이 몸을 돌아보라.
뼈와 살로 이루어진 질병의 주머니요,
감각적 쾌락을 좇는 생각덩이 아닌가?

---

1) 삼계(三界) : 세 차원의 세계. 즉, 욕계(欲界), 색계(色界), 무색계(無色界)를 총칭하는 말로 우리가 사는 물질적·정신적인 모든 세계는 삼계에 다 포함된다. 이중 욕계는 욕망이 지배하는 세계로 윤회하는 여섯 차원으로 나뉘며, 색계는 물질 차원의 선정 세계로 보다 행복한 세계이고, 무색계는 물질이 없는 선정 세계로서 가장 행복한 세계이다. 그러나 설사 색계·무색계의 하늘 세계라 할지라도 윤회는 면하지 못하며, 해탈·열반은 삼계를 모두 벗어나는 경지이다.

148

세월이 흘러가면 이 몸은 낡아져서
질병으로 시달리다 마침내 죽으리니
썩어서 흩어져 버리면 찾는 이도 없으리.

149

떨어져 뒹구는 새하얀 조롱박처럼
퇴색한 저 뼈들이 이리저리 뒹구나니
쓸쓸타, 한때의 쾌락을 어디에서 찾을꼬?

150

이 몸이 무엇이리? 고기와 피 그것이요
뼈로 쌓아 맞춘 하나의 성곽일 뿐.
그 안에 늙음과 죽음이 자라나고 있구나.

151

화려한 왕의 마차도 마침내는 낡아지고
인간의 몸도 또한 마침내는 늙어가나니
오로지 낡지 않는 건 법을 닦은 그 힘뿐.

152

늙어가는 황소야 축생이니 그렇다 치고
집 떠난 수행자로서 게으를 수 있으랴?
지혜는 자라지 않고 살만 쪄 온 비구여.

153 · 154

가만히 돌아보니 멀고먼 윤회의 길.
몸과 마음 짓는 자2)를 찾고 또 찾았건만
마침내 찾지 못하고 고통바다 헤맸네.

갈망이여, 너는 이제 집을 짓지 못하리라.
서까래3) · 대들보4)와 집5)이 모두 무너지니
고귀한 열반을 얻어 길이 평안하도다!

155 · 156

날개 부러진 왜가리가 못가에서 서성대듯
젊음을 낭비하여 모든 재산 잃어버리고

---

2) 집을 짓는 자 : 이 두 편의 게송은 부처님께서 깨달음을 성취하신 직후에 읊으신 것이다. 여기서 집을 짓는 자는 중생으로 하여금 끝없이 삶을 받아 태어나게 하는 갈망·욕망을 가리킨다.
3) 서까래 : 번뇌.
4) 대들보 : 근본적인 어리석음, 즉 무명(無明).
5) 집 : 몸과 마음, 또는 그것을 만들어내는 힘인 업(業).

실의에 잠겨 떠도는 저들의 모습을 보라.

화살이 힘이 다해 땅으로 떨어지듯
젊음을 낭비하고 마음 또한 황폐해져
탄식과 신음 속에서 방황하는 저들을 보라.

제12장 자기의 장

157

인생의 세 시기는 유년, 청년, 노년이라.
이 가운에 한 때라도 근면하고 지혜로울지니
자신을 보호하는 건 바로 그것뿐이기.

157 · 158

자기를 다스린 뒤 다른 이를 가르치라.
올바른 행동이야 말보다 어려우니
되돌아 자기를 본다, 지혜로운 사람은.

스승은 말대로 행동해야 하나니
제 다스린 이만이 남 가르칠 수 있는 법.
자기를 다스리기는 어렵고도 어렵다.

160

마지막 의지처는 오직 자기 자신뿐.
어떻게 남을 제 의지처로 삼으랴?
자기를 굳세게 다듬어 의지처로 만들라.

161

자기가 저지르고 자기가 받는도다.
우자는 제 스스로 자기를 파괴하나니
단단한 금강석으로 다른 보석을 부수듯.

162

계행이 없는 자가 욕망에 넘침이여.
만수산 드렁칡이 검바위에 얽키듯이
자신을 옭아매누나, 악행으로 업으로.

163

사악한 마음에선 나오느니 사악함뿐.
불선한 마음에선 짓느니 불선업뿐.
참다운 이익을 원커든 마음부터 맑히라.

164

그릇된 견해로써 불법을 욕하지 말라.
열매를 맺은 다음 죽고 마는 대(竹)처럼
스스로 파멸하리니, 그릇됨의 결과라.

165

악행자 자기로다, 선행자도 자기로다.
청정과 더러움이 자기에게 달렸으니
자기를 닦아나갈 자 자기밖에 없어라.

166

남을 위해 네 더럽히면 공덕 될 줄 아느냐?
먼저 네 자신부터 맑히고 밝힐지니[1]
그것이 최선의 이익, 자리이타[2] 이루라.

---

1) 맑히고 밝힘 : 맑음에는 몸의 맑음, 즉 계청정(戒淸淨)과 마음의 맑음인 심청정(心淸淨), 그리고 지혜의 맑음인 혜청정(慧淸淨)이 있다. 이 가운데 혜청정은 맑음인 한편 밝음이라고도 말할 수 있는데, 왜냐하면 그것이야말로 밝지 못함(無明 : 무명)을 밝음(明 : 명)으로 바꾼 것이기 때문이다.
2) 자리이타(自利利他) : 자신도 이롭고 남도 이로움.

제13장 세상의 장

167

비열한 길 어찌 가리? 게으른 길 무삼 가리?
방심은 왜 허(許)하며, 삿된 견해 왜 가지리?
하물며 생사윤회 속 어찌 오래 머물리?

168 · 169

비구의 탁발법을 올바르게 실천하고
떳떳한 깨달음의 길 꾸준히 닦아가라.
그러면 금생과 내생에 두루 행복하리라.

비구의 탁발법을 올바르게 실천하고
삿된 길 걷지 않고 팔정성도¹⁾ 걸어가라.
그러면 금생과 내생에 두루 행복하리라.

---

1) 팔정성도(八正聖道) : 팔정도(八正道)라고도 한다. 34쪽의 각주 7) 참조

170

세상은 물거품, 마음은 아지랑이.
이같이 세상을 보고 집착에서 벗어나면
마라도 그의 발자취, 끝내 찾지 못하리.

171

마음에도 집착 말라, 그 또한 인연화합2).
굴대·바퀴, 끈과 천으로 엮어진 마차처럼
마음도 모여서 된 것, 부디 애착 떠나라.

172 · 173

보라, 전에 그는 주의집중 없었으나
이제는 오롯이 깨어 맑고 밝아졌나니
구름을 벗어난 달처럼 세상 두루 비친다.3)

그가 쌓은 수행 공덕 크고도 거룩하여
과거의 무거운 업 일시에 눌렀나니

---

2) 인연화합(因緣和合) : 원인과 조건에 의지하여 생겨남(또, 그런 뒤에 유지되다가 무너져 감). 부처님께서는 세상의 모든 것과 인간의 몸과 마음 또한 인연 화합일 뿐이니 집착하지 말라고 가르치신다.
3) 이 게송과 다음 게송은 부처님께서, 수많은 사람을 죽인 뒤 비구가 되어 깨달음을 성취했던 앙굴리말라가 그를 미워하던 사람들에게 맞아 죽고 난 후 그를 기억하며 읊으신 것이다.

구름을 벗어난 달처럼 밝은 빛을 뿌린다.

174

그물에 걸린 새가 벗어나기 어렵듯이
천상에 나거나 윤회를 벗는 이는
몇몇에 지나지 않아 드물고도 드물다.

175

보라, 아난다4)여! 백조가 날아가듯
그들도 신통을 얻어 허공으로 날아갔나니
마라를 항복시키고 자취없이 떠났다.5)

176

이 세상만 알고 다음 세상 모르나니
거짓 길 걸어가며 함부로 구는구나.
그러나 어찌 과보 없으리, 어리석음이 원수라.

---

4) 아난다(Ānanda) : 부처님을 25년간 곁에서 모셨던 제자 비구.
5) 이 게송의 배경이 되는 이야기는 다음과 같다. 어느 때 빠웨이야까에 서 서른 명의 비구가 부처님을 뵙기 사원을 찾아왔다. 그런데 한참 이 지나도 기척이 없어 아난다 존자가 문을 열고 안을 들여다 보니 서른 명의 비구가 보이지 않는 것이었다. 놀라는 아난자 존자에게 부처님께서는 그들이 신통을 얻어 허공으로 날아가버렸다고 하시면 서 이 게송을 읊으셨다.

177

자기도 베풀지 않고 남 베풂도 시기하는
인색하고 좁은 자가 어찌 천상에 나리?
남의 복 기꺼워하는 그것 또한 복이라.

178

왕을 어찌 비하리? 하늘 어찌 바꾸리?
나아가 천왕이 되는 그 자랑 크다 해도
수다원6) 이룬 성자가 훨씬 수승7)하니라.

---

6) 수다원(須陀洹) : 깨달음을 얻어가는 과정에서 도달하는 첫번째 성자의 경지.
7) 수승(殊勝) : 가장 뛰어남.

제14장 붓다¹⁾의 장

179 · 180

붓다에겐 패배·유혹 아예 성립 않나니
일체의 욕망 버려 번뇌를 이겼기 때문.
그대여, 그런 여래²⁾를 어쩌겠단 것이냐?³⁾

붓다는 일체의 집착과 공포 없어
무한하여 자취 없나니 어디로 이끌어내리?
그대여, 그런 여래를 어쩌겠단 것이냐?

---

1) 붓다(Buddha) : 부처님. 깨달으신 분이라는 뜻. 이 말이 중국에서는 풔어퉈어(佛陀)라고 음역(音譯)되었고, 우리나라에서는 구개음화(口蓋音化)하여여 '부처'가 되었다.
2) 여래(如來) : 부처님의 열 가지 미칭(美稱) 가운데 하나. 그러함(如 : 진리 그 자체를 의미)으로부터 오신 분이라는 뜻. 주로 부처님께서 당신 자신을 지칭하실 때 3인칭 격으로 쓰이지만("나는…" 운운 하실 것을 "여래는…" 하시는 예가 많음) 후대 대승불교에서는 부처님이라는 말과 같은 의미로 많이 쓰였음.
3) 이 게송과 다음 게송은 마간디야라는 미녀가 부처님을 유혹하여 결혼하자고 하시므로 그에 응하여 읊으신 것이다.

181

좌선과 삼매⁴⁾ 속에 기쁨 얻고 번뇌 버려
깨달음 성취하고 청정하게 살아가니
인간과 천인들에게 존경받는 성자들.

182

남자 되기 어렵고, 살아 있기 쉽지 않다.
정법을 듣는 것 또한 드물고 어려운 일.
세상에 부처님 나심이야 난사(難事) 중의 최난사.

183 - 185

버릴 것은 악행이요, 취할 것은 선행이며
나아가 그대 뜻을 맑히고 밝혀 가라.
이것이 모든 붓다⁵⁾의 한결 같은 가르침.

---

4) 삼매(三昧) : 빠알리 어의 사마디(samādhi)를 옮긴 말로 마음이 수행 주제에 집중몰입된 상태(사마타 수행의 경우), 또는 마음이 수행 주제에 잘 조응하여 연속되는 상태(위빠싸나의 경우). 깊은 평온감을 얻게 되기도 하고(사마타), 깨달음을 얻게 되기도 한다(위빠싸나). 삼매에는 모두 아홉 차원의 경지가 있으며, 선정(禪定), 또는 정(定)이라고도 한다.

5) 모든 붓다 : 불교에서는 붓다(부처님)가 계시건 계시지 않건 진리인 법은 있어 왔고 또 있을 것이라고 본다. 때문에 부처님에 의해 밝혀진 법이 시간이 지남에 따라 타락되어 전해지지 않는다 하더라도 다음

있는 힘껏 고통 참고, 부디 남을 해치지 말라.
남을 해코 괴롭히면 어찌 수행자이리?
더하여 마음을 닦아 닙바나에 이르라.

계율을 굳게 지켜 살도음망[6] 그치거라.
적게 먹고 고요하게 선정을 닦을지니
이것이 모든 붓다의 한결 같은 가르침.

186

욕망은 끝 없어서 자라고 또 자라니
황금이 소나기되어 온종일 쏟아져도
결정코 만족은 없으리, 그 욕망을 끊으라.

187

쾌락은 덧없는 것, 결국 고통 되나니

시대에 이르면 새로운 부처님에 의해서 그 법이 다시금 밝혀지게 마련이다. 그러므로 부처님의 계보는 과거-현재-미래에 걸쳐 계속되어 간다. 이에 따라 현재불(現在佛)인 석가모니불과 같은 법을 수많은 과거불(過去佛)들도 설하셨고, 뒤에 오실 미래불(未來佛)들 또한 같은 법을 설하시게 되리라고 본다.

6) 살도음망(殺盜淫妄) : 출가 비구에게는 많은 계가 주어지는데 계에는 무겁고 덜 무거운 등급이 있다. 그 가운에 가장 무거운 계들을 바라이(波羅夷)라 하며, 비구에게는 네 가지 계목이 주어진다. 네 바라이는 즉 남을 죽이는 일, 훔치는 일, 음행하는 일, 깨닫지 못하고서 깨달았다고 하는 거짓말(妄語 : 망어) 등이다.

천왕의 쾌락이라도 반겨서는 안 되리.
그 쾌락 모두 부수면 그것만이 참기쁨.

188 - 192

중생은 모두 같아 위험에 직면하면
산이나 숲속이나 수도원에 찾아 들어
고뇌를 면하려 하네, 의지 삼으려 하네.

그러나 그런 곳은 의지처가 못 되리.
그런 곳을 의지처로 삼는다 할지라도
일체의 고뇌로부터 벗어나진 못하리.

여기에 의지처 있으니 불법승[7]이 바로 그것.
그 의지처 의지하여 마침내 스스로 서라.[8]

---

7) 불법승(佛法僧) : 부처님(佛), 가르침(法), 승단(僧). 이 셋을 삼보(三寶 : 세 보배)라고 하는데, 삼보를 믿고 의지하여 갈 것을 맹세함으로써 중생은 불제자가 된다.

8) 마침내 스스로 서라 : 앞의 각주에서 설명한 삼보에의 의지를 음미해 보면, 불제자는 먼저 승단을 의지하고, 승단은 부처님에게 그를 안내하며, 부처님은 가르침을 주신다. 그리하여 가르침을 듣게 된 불제자는 그 가르침을 의지하여 나아가게 되는데, 그때에 이르면 불제자 자신과 법만이 남게 되므로 홀로 선다고 볼 수 있다. 따라서, 최종적으로는 가르침(법)과 자기 자신만이 의지처가 되는 것이 불교이므로, 부처님께서도 입멸(入滅 : 깨달음을 성취하신 성자의 죽음) 시 "자신에 의지하고 다른 사람에 의지하지 말며, 법에 의지하고 다른 것에 의지하지 말라(自燈明 法燈明 : 자등명 법등명)"고 가르치셨던 것이

그러면 네 가지 진리9)를 밝히 보게 되리라.

고통과 번뇌에 관한 네 가지 진리가 있다.
그것과 그 원인과 그것이 없어진 진리.
그것을 없애버리는 길의 진리가 있다.

이 네 진리야말로 의지처 중 의지처.
이것만을 의지하여 홀로 걸어 갈지니
그러면 모든 고뇌의 끝을 보게 되리라.

193

위 없고 평등한 법 깨달으신 붓다는
아무 데서나 쉽게 탄생하지 않나니
성자가 탄생한 가문은 번성하고 복되다.

194

행복할사, 붓다 오셨네! 어서 진리 배우세.
붓다와 진리와 그를 배우는 제자들.
더더욱 크나큰 행복은 이 셋이 조화됨일세.

다.
9) 네 가지 진리 : 사성제 34쪽의 각주 7) 참조.

195 · 196

예배하라, 존경할만한 거룩한 이 찾아가서.
그들은 부처님과 그 분의 성제자들.
슬픔의 바다를 건넌 영광스런 승리자.

예배하라, 존경할만한 올바른 분 찾아가서.
열반을 성취하여 번뇌 없는 성자들에게
지극한 공경 바치면 큰 공덕을 얻으리.

제15장 행복의 장

197 · 201

행복하게 살아가자, 증오 속에 증오없이.
미움 많은 사람들 속에 미움일랑 모두 버리고.
그것이 참다운 자유, 너그럽게 살아가자.

행복하게 살아가자, 질병 속에 질병없이.
번뇌 많은 사람들 속에 번뇌일랑 모두 버리고.
그것이 참다운 건강, 튼튼하게 살아가자.

행복하게 살아가자, 쾌락 속에 쾌락없이.
오욕 많은 사람들 속에 오욕일랑 모두 버리고.
그것이 참다운 평화, 깨끗하게 살아가자.

행복하게 살아가자, 근심 없고 소유도 없이.
기쁨과 만족을 달디단 음식 삼아.

그것이 참다운 즐거움, 고요하게 살아가자.

원수 딛고 승리자요, 고통 속의 패배자라.
승리·패배 모두 버려 원수·고통 길이 떠나
평화와 행복 누리며 아름답게 살아가자.

202

증오는 악을 낳고, 욕망은 불꽃 바다.
오온1)에 집착함이 으뜸가는 고통이요
거기서 벗어난 열반이 으뜸가는 행복이다.

203

배고픔을 뉘 참으리? 결합2) 어찌 고(苦) 아니리?

---

1) 오온(五蘊) : 다섯 무더기. 모든 사물은 물론 인간에게도 실체·주체·자아가 없다는 것이 불교의 가르침이다. 그렇다면 인간은 무엇인가 하는 의문이 생기는데 이에 대한 답변으로 오온이 제시되었다. 즉, 인간은 물질의 무더기(色蘊:색온), 느낌(감정)의 무더기(受蘊:수온), 표상(생각·관념)의 무더기(想蘊:상온), 의지를 비롯한 수많은 정신 작용의 무더기(行蘊:행온), 의식의 무더기(識蘊:식온) 등 다섯 무더기가 모여 이루어진 것이다. 인간에게는 이것 외에 다른 것도 없고, 이중 어느 것도 실체·주체·자아가 아니다. 나아가, 이들 또한 각각의 수많은 작은 요소들의 집합으로서 수시로 명멸하는 것이며, 그 작은 요소들 속에도 실체·주체·자아는 없다.

2) 결합(結合) : 앞의 각주에서 행온(行蘊)은 결합력을 중심으로 설명된다. 이 결합력이 다른 말로는 업(業)인데, 업이란 의도적으로 행해진 행위와 그 행위가 남긴 힘을 뜻한다. 중생의 윤회는 이 행(行)을 중심

지혜로운 사람들은 이같이 깨닫나니
닙바나, 으뜸 행복을 성취하여 마친다.

204

건강은 축복이요, 만족은 으뜸 재산.
참다운 벗이야말로 제일가는 친지로다.
그중에 최상의 행복은 열반밖에 없어라.

205

세속을 벗어나서 고요함을 누리나니
불안도 공포도 없고 기쁨과 평화뿐일세.
그들은 열반을 얻어 감로를 마신 사람들!

207

어리석은 자와 함께 길 가기 어려워라.
지혜로운 이와 함께 길 가기 즐거워라.

으로 이루어지기 때문에 행은 곧 고통의 뿌리라 할 수 있다. 그런데 이 결합은 고정불변한 것이 아니어서 수시로 흐르고 바뀐다. 그리고 그같은 흐름·바뀜은 중생으로 하여금 쉬지 못하게 하는데, 그것은 괴로움일 수밖에 없다. 이 때문에 모든 행은 덧없고(諸行無常:제행무상), 덧없는 것은 괴롭다(一切皆苦:일체개고)고 가르쳐진다. 한편, 이 무상한 것의 본질을 꿰뚫어보아 그것의 영향에서 벗어났을 뿐 아니라 다시는 선악에 뒤따르는 결합을 일으키지 않는 것이 깨달음을 성취한 성자들이 누리는 행복한 경지이다.

마땅히 지자와 더불어 친지처럼 살아가라.

208

어질고 지혜롭고 결심 굳고 믿을 만한
더하여 계를 갖춘 성자를 따를지니
하늘의 수많은 별들이 궤도를 따르듯이.

제16장 쾌락의 장

209

감각적 쾌락이란 여러 모로 무익한 것.
나쁜 일 헹케 하고 좋은 일은 궂게 하며
헛되이 남이 이루어놓은 선정만을 탐낸다.

210 · 211

사랑하지 말지니라 헤어질 때 번민이요
미워하지 말지니라 만날 때 고통일세.
번민과 고통 모두가 애증에서 나누나.

그러므로 사랑 말라, 또한 미워도 말라.
사랑에도 미움에도 남는 건 괴로움뿐.
사랑도 미움도 없으면 괴로움도 없으리.

212 - 216

사랑이 까닭되어 슬픔이 일어나고
사랑에 연유하여 두려움이 일어난다.
사랑을 벗어버리면 슬픔 · 공포 없으리.

귀여움이 까닭되어 슬픔이 일어나고
귀여움에 연유하여 두려움이 일어난다.
귀여움 벗어버리면 슬픔 · 공포 없으리.

집착이 까닭되어 슬픔이 일어나고
집착에 연유하여 두려움이 일어난다.
집착을 벗어버리면 슬픔 · 공포 없으리.

갈망이 까닭되어 슬픔이 일어나고
갈망에 연유하여 두려움이 일어난다.
갈망을 벗어버리면 슬픔 · 공포 없으리.

욕망이 까닭되어 슬픔이 일어나고
욕망에 연유하여 두려움이 일어난다.
욕망을 벗어버리면 슬픔 · 공포 없으리.

217

몸과 마음 알아차려 도와 과1)를 성취하고
사성제 잘 깨달아 불안·초조 벗어나면
수많은 중생들로부터 널리 존경받는다.

218

있는 힘을 다했다, 진리로 육박해 갔다.
고귀한 열반을 얻어 집착을 끊어버리고
마침내 생사윤회를 훌쩍 벗어버렸네.2)

219 · 220

어떤 한 사나이가 오래 집을 떠났다가
어느 날 무사하게 집으로 돌아오면
가족과 이웃 사람이 그를 반겨 맞는다.

이같이 이생에서 공덕 쌓은 사람 또한

---

1) 도(道)와 과(果) : 깨달음을 이루어가는 과정은 넷으로 나뉘고, 그 각각의 경지는 다시 그 경지로 나아가는 과정의 경지인 도(道)와 그 경지에 도달해 마친 경지인 과(果)로 나눈다. 그러므로 모두 네 경지의 도와 네 경지의 과가 있게 되어 여덟 경지의 성위가 있다. **16쪽**의 각주 4) 참조.
2) 이 게송은 부처님께서 높은 경지를 성취하고 죽은 제자를 두고 읊으신 것이다.

생애를 다 마치고 다음 세상 향할 적에
그 공덕 가족이 되어 그를 반겨 맞으리.

제17장 분노의 장

221

솜씨있는 마부가 말을 잘 다루듯이
짜증·분노 일어날 때 그것을 다스리라.
마음 잘 다루는 이가 참된 마부이기에.

222

관용으로 인색을, 선으로써 사악을,
겸손과 자비로써 분노를 다스리고
올곧은 진실을 말하여 거짓말을 이기라.

223

진실만을 말하라, 분노를 억제하라.
적은 것이라도 구하거든 베풀라.
이 세 덕 널리 닦으면 하늘에 가 나리라.

224

행위에 의지하여 성위(聖位)를 이루나니
결코 남을 해치 말라, 행위를 다스리라.
그러면 죽음이 없는 닙바나[1]에 이르리.

225

늘 맑게 깨어서 낮이나 밤이나 간에
계정혜 삼학[2] 닦아 굳세게 정진하면
마음의 모든 번뇌가 일시에 사라진다.

226 - 230

아뚤라[3]여, 이는 결코 새로운 일 아니다.
침묵해도 말 많아도 중생은 비방하나니
그들의 비방 면한 이 어디에도 없느니라.

---

1) 닙바나(nibbāna) : 열반. 16쪽의 각주 5) 참조
2) 계정혜(戒定慧) 삼학(三學) : 불교의 수행은 행위의 닦음에 관한 배움인 계학(戒學)과 정신통일에 관한 배움인 정학(定學), 그리고 지혜 계발에 관한 배움인 혜학(慧學) 등 세 가지로 나뉜다. 이를 세 가지 배움, 즉 삼학이라 한다.
3) 아뚤라 : 이 게송의 배경이 된 재가 신자 이름. 그는 친구들과 함께 사원에 들러 법문을 청했는데, 한 비구는 침묵으로, 한 비구는 장광설로, 다른 한 비구는 너무 간략하게 법을 설하더라면서 부처님께 투정하였고, 이에 대해 부처님께서는 이 게송을 읊어주신 것이다.

아무도 없었느니라, 칭찬만 받은 이는.
또한 비방만 받은 이도 아무도 없었나니
과거와 현재·미래를 두고 늘상 그러하리라.

마땅히 알지니라, 네가 직접 본 것과
현자의 칭찬만이 경청할만한 것이라고.
허물이 있고 없음을 그에 따라 판단하라.

지혜와 계행이 갖추어진 현자라면
정금(精金)처럼 순수하고 금강(金剛)처럼 티 없거니
뉘라서 비방하리요? 신들까지 칭찬커늘!

231 - 234

분노는 남 해치기 전 자신부터 해치나니
자신을 보호려커든 분노를 다스리라.
일체의 불선 다스려 선행으로 바꾸라.

습관이 되기 전에 성냄을 억제하라.
분노의 말 다스리고, 착한 말을 계발하라.
수많은 재앙·고통이 말로 비롯되었기.

마음이 앞서가고 행위가 따르나니

분노를 다스리려면 마음부터 다스리라.
일체의 악의(惡意) 버리고 착한 생각 지으라.

현자는 다스리나니 먼저 몸을 다스리고
언어를 두번째로, 생각을 세번째로.
그렇게 셋4)을 다스려 평안 속에 머문다.

---

4) 몸·말·입 등 셋을 통해 중생은 업을 짓는다. 이 셋을 신구의(身口意) 삼업(三業)이라 한다.

제18장 때(垢)의 장

235 - 238

너는 시들어 곧 떨어질 나뭇잎.
죽음의 전령이 가까이에 와 있는데
아직껏 여행 준비가 되어 있지 않구나.[1]

자신을 굳게 다져 발판으로 삼아라.
지금이라도 힘을 다해 지혜를 계발하라.
그러면 성(聖)의 하늘에 들어가게 되리니.

너는 이제 많이 늙어 염마왕이 기다린다.
네가 그곳에 가는 것 멈출 자는 아무도 없다.
그러나 너는 아직껏 아무 준비 없구나.

자신을 굳게 다져 발판으로 삼아라.

---

1) 235-8번까지의 게송은 죽음을 앞둔 노인에게 설해진 것이다.

지금이라도 힘을 다해 지혜를 계발하라.
그러면 네겐 더 이상 생로병사 없으리니.

239

올바른 길을 따라 조금씩 또 조금씩
현자는 이렇게 번뇌를 제거하나니
금부치 다듬는 이가 찌꺼기를 없애듯.

240

쇠에서 생긴 녹이 되려 쇠를 삭히듯
제가 범한 악행이 자기를 허무나니
마침내 낮은 세계로 이끌려 갈 뿐이다.

241

낭송되지 않으면 경[2]의 말씀 잊혀지고
관리하지 않으면 집도 또한 헐어지며
정념[3]을 소홀히 하면 온갖 욕망 일어난다.

---

2) 경(經) : 성인이 가르신 바, 시대를 초월한 진리의 말씀.
3) 정념(正念) : 20쪽의 미주 ① '주의집중'에서 설명한 주의집중의 다른 번역어. 34쪽의 각주 7) '사성제'에 보이는 팔정도의 일곱번째 덕목이기도 하다.

242

흐트러진 여인을 부정이 더럽히고
인색한 보시자는 쥔 손 펼 줄 모르며
악행은 금생과 내생을 땟물되어 더럽힌다.

243

더러운 것 중 으뜸은 진리를 모름이니
마땅히 가르침 배워 어리석음 떨치라.
비구는 때 없는 견해를 굳게 지켜 살지니.

244 · 245

부끄러움 모르는 길 쉽더라도 가지 말라.
뻔뻔하고, 당돌하고, 비방하고, 허세부리고
헛되이 싸움질한들 무슨 이익 있으리?

부끄러움 아는 삶 어려워도 닦아가라.
청정하고, 집착 없고, 검소하고, 올바르게
가르침 닦아 나가면 큰 이익이 있으리.

246 - 248

생명을 죽이거나 거짓말을 하거나

남이 주지 않는 것 제 맘대로 가지거나
탐하여 남의 아내를 욕되이 범하거나

술이나 약물로써 정신을 취케 하면
남을 해침으로써 스스로도 다치리니
마침내 제 뿌리 끊는 고통 앞에 이르리.

그러므로 사람들이여, 이를 깊이 명심하라.
욕망은 고통의 원인, 방종에서 일어나나니
마땅히 계율을 지켜 스스로 억제하라.

249 · 250

누구나 신심 따라 수행자에 보시하는 법.
큰 공양 받는 이에겐 무슨 까닭 있겠거늘
그 위해 기뻐 않으면 깊은 평화 없으리.

자기의 즐거움 따라 수행자에 베푸는 법.
큰 공양 받는 이를 진심으로 기뻐하면
낮이건 밤이건 간에 깊은 평화 누리리.

251

욕망 같은 불길 없고, 증오 같은 사슬 없으며

어리석음 그물 되어 자신을 얽어매고
갈망은 흐르는 강물, 그칠 날이 없어라.

252

남 허물 잘 보는 이 제 허물엔 어둡나니
남 허물 들까불고 제 허물은 감추려든다,
불리한 패 쥔 도박꾼이 제 패를 감추듯이.

253

제 번뇌 깊은 자가 남의 허물 찾아낸다.
남들은 경멸하면서 제 살핌은 게으르니
번뇌를 이겨내기란 갈수록 더 어렵다.

254 · 255

허공에는 길이 없고, 불법 외엔 거룩 없다.
갈망과 자만심과 사견의 늪 속에서
여래는 청정한 연꽃, 홀로 피어 즐긴다.

허공에는 길이 없고, 불법 외엔 거룩 없다.
무상과 괴로움과 무아[4]의 숲 속에서

---

4) 무상(無常)·고(苦)·무아(無我) : 이 셋은 불교의 궁극적인 진리로 제시되며, 이를 합쳐 부를 때는 삼법인(三法印)이라 한다. 모든 결합된

여래는 의젓한 코끼리[5], 동요하지 않는다.

것은 덧없다(무상), 그렇게 결합된 모든 것은 괴롭다(고), 그러나 그 결합된 것들을 깊이 통찰해 보면 실체·주체·자아가 없다(무아). 불제자는 이같은 세 진리를 개념으로써 이해하는 것이 아니라 수행을 통해 통찰(깨달음)함으로써 해탈을 얻게 된다.
5) 코끼리 : 부처님의 점잖고 의젓하심은 흔히 코끼리, 또는 사자에 비유된다.

제19장 올바름의 장

256 · 257

법이 앞에 있은 후에 판사는 뒤따른다.
그러므로 법에 따르고 임의대로 재판 말라.
옳음과 그름을 모두 제 뜻 떠나 살피라.

지혜로운 재판관은 제 뜻대로 판단 않고
만인에 평등한 법에 따라 심판한다.
그가 곧 법의 보호자, 법이 또한 보호하리.

258

말을 많이 한다 하여 지혜 증거 되지 않네.
마음이 안정되고 평화롭고 원한 없어
남에게 즐거움 주는 그가 진정 지자라.

259

말을 많이 한다 하여 법의 스승 아니로세.
이해한 법에 따라 마음닦아 행동하고
주의력 잃지 않는 이, 그가 참된 법사라.

260 · 261

머리카락 희다 하여 장로¹⁾라곤 할 수 없네.
나이는 먹었으나 행실이 부실하면
속은 텅 비었으리니 어찌 참된 장로리?

네 진리²⁾를 깨달아 바르게 머무르고
계 지켜 남 해치 않고 모든 번뇌 벗어나서
드높은 지혜 얻어야 참 장로라 부른다.

262 · 263

솜씨 있는 말 때문에, 신분이 높다 하여
친절과 존경받은들 어찌 참되다 하리?
더구나 시기·인색·교활로써야 어찌 참에 이르리?

시기·인색·교활을 뿌리째 뽑아버려

---

1) 장로(長老) : 출가 수행한 지 오래된 비구.
2) 네 진리 : 사성제. 34쪽의 각주 7) 참조.

일체의 어지러움을 완전히 없앤 이가
진실로 존경에 값할 참된 성자이니라.

264 · 265

머리를 깎았다고 수행자라 할 순 없다.
만일 계 지키잖고, 거짓말로 남 속이며
탐욕과 시기 있다면 어찌 수행자이리?

그러나 크고작은 일체 악행 다스려서
올바르게 계 지키고, 정직으로 남 대하며
탐욕과 시기 없다면 수행자라 부른다.

266 · 267

탁발하는 것만으로 비구라고 할 순 없다.
법을 버려 계행없이 제 맘대로 행동하면
어찌 그 겉모습만으로 비구라고 이르리?

세속과 선과 악을 모두 버려 청정하고
제 몸과 마음 살펴 고요히 좌선하면
겉과 속 모두 깨끗한 참 비구라 부른다.

268 · 269

어리석고 둔하면서 단지 침묵한다 하여
그것만으로 어찌 성자라고 부르리?
성자와 성자 아님은 그에 있지 않거늘.

선 따르고 악 버리면 그로써 성자 된다.
계정혜 널리 닦고 안과 밖을 모두 살펴
일체의 번뇌 벗어야 성자요 또 현자라.

270

어부여, 네 이름이 아리야라 하더라도[3]
너는 생명 해치거늘 어찌 아리야이리?
일체의 생명 아껴야 아리야라 하느니라.

271 · 272

계를 잘 지킴과, 경을 많이 배움과,
깊은 삼매 성취함과, 고요히 생활함이
모두 다 중요하지만 충분치는 않나니

나는 세상 벗어나 진리 속에 머문다고

---

[3] 이 게송을 부처님께서 아리야(Ariya : 성자)라는 이름을 가진 어부에게 읊어주신 것이다.

제 경지 만족하여 자만하는 비구들이여,
구경각[4] 얻을 때까지 분발·노력 더하라.

---

4) 구경각(究竟覺) : 가장 차원이 높은 궁극적인 깨달음.

제20장 길1)의 장

273 - 276

네 진리2) 여덟 길3)을 올바르게 깨치신 뒤,
욕망의 불 끄라고 사자처럼 외치시니4)
이것은 천상천하5)에 세존6)만이 하신 일.

---

1) 길 : 진리로 가는 수단, 또는 과정. 한자어로는 도(道)라 한다. 도라는 말은 흔히 진리라는 말과 같은 의미로 쓰이지만, 부처님의 경우는 이 말을 진리로 가는 수단·과정이라는 의미로만 쓰셨을 뿐 진리 그 자체는 도라 일컫지 않으셨다. 한 예로 사성제의 경우에도 도성제(道聖諦)는 깨달음을 얻는 방법인 팔정도 등을 뜻할 뿐 그 결과 얻어지는 깨달음·해탈·열반을 뜻하지는 않는다. 쉽게 말해서 부산을 출발하여 서울로 오는 여행자의 경우 경부고속도로, 혹은 항공로 따위가 도(길)이다.
2) 네 진리 : 사성제, 34쪽의 각주 7) 참조.
3) 여덟 길 : 팔정도, 34쪽의 각주 7) 참조.
4) 사자처럼 외치시니 : 부처님은 흔히 백수(百獸)의 왕 사자에 비유되고, 그 가르침 또한 사자의 포효, 즉 사자후(獅子吼)에 비유된다. 이는 부처님의 정법 앞에 옳바르지 않은 법이 굴복하여 귀의한다는 의미를 지니고 있다.
5) 천상천하(天上天下)에 : 불교의 세계관에 의할 때 지상은 물론 하늘 세계(천상)나 귀신·지옥 세계 등 모든 세계가 다 부처님의 교화를 받는다. 신을 불교에서는 천(天)이라 하고, 그들의 왕을 천왕이라 하는

오직 이 한길뿐 다른 길은 없느니라.
그러므로 이 길만을 굳세게 따라가라.
그러면 교활한 마라도 어찌지는 못하리.

이 한길 걸어가면 모든 고통 그치리라.
나 또한 이 길 따라 번뇌의 숲 건넜기에
되돌아 너희들에게 길을 보여 주노라.

대신 가 줄 자는 없다, 스스로 걸어가라.
여래는 다만 길을 보여 줄 뿐이다.
누구든 정념 닦으면 결박 벗어나리라.

277 - 279

조건 따라 일어나는 모든 것은 덧없다고
내적인 관찰[7]로써 이같이 보는 이는

데, 이들 또한 갈망과 무명(無明)을 끊어버리지 못한 중생이기 때문에 부처님의 교화를 받는다.
6) 세존(世尊) : 부처님의 열 가지 미칭(美稱) 가운데 하나. 세상의 존경을 받으시는 분이라는 뜻. 주로 제자들이 부처님을 2인칭, 또는 3인칭으로 부를 때 사용된다.
7) 내적(內的)인 관찰(觀察): 20쪽의 미주 ①) 에서 설명한 위빠싸나가 마음의 눈으로 자신의 몸과 마음을 관찰(알아차림)하도록 되어 있기 때문에 이같이 표현한 것이다.

심청정·혜청정8) 이루어 모든 고통 떠나리.

조건 따라 일어나는 모든 것은 괴롭다고
내적인 관찰로써 이같이 보는 이는
심청정·혜청정 이루어 모든 고통 떠나리.

일체의 법에는 실체가 없다고
내적인 관찰로써 이같이 보는 이는
심청정·혜청정 이루어 모든 고통 떠나리.

280

애써야 할 젊은 시절 게으르게 낭비하고
힘써야 할 건강한 때 방황으로 보냈나니
이처럼 박약한 의지로 어찌 큰 도 이루리?9)

281

몸으로든 입으로든 악을 짓지 말 것이요
또한 마음으로도 악을 힘써 경계하라.
팔정도 깊은 뜻이란 결국 그것이기에.

---

8) 심청정(心淸淨) 혜청정(慧淸淨) : 심청정은 마음이 깨끗한 것, 혜청정은 지혜가 깨끗한 것.
9) 이 게송은 부처님께서 한 비구를 경책하며 읊으신 것이다.

282

좌선정진 없는 이엔 참 지혜도 없으리니
참지혜 얻고 잃음이 사유수[10]에 달렸어라.
꾸준히 마음을 챙겨 혜를 늘려 나가라.

283

오, 비구들이여! 욕망의 숲 쳐버려라.
욕망은 위험의 어미요, 또한 뿌리이기에.
그 뿌리 모두 없애면 길이 자유로우리.

284

어미소 곁 맴도는 어린 송아지처럼
여자, 또 남자 곁에 맴도는 맘 있는 한은
해탈은 끝내 없나니, 그 욕망을 끊으라.

285

애정은 백합 같아서 시든 뒤엔 초라한 것.
원정이 가을 백합을 미련없이 꺾듯이
네 애정 꺾어버리고 도를 닦아 나가라.

---

10) 사유수(思惟修) : 마음을 닦는 선정(禪定) 수행은 사유수로도 번역된다.

286

"나는 이곳에서 우기[11]와 또 여름을,
그리고 겨울을 보내리라"고 생각하면서
죽을 날 오는 줄 모르는 어리석은 사람아![12]

287

사람들은 소 같아라, 제 자식에 애착하네.
그러나 잠든 마을을 홍수가 휩쓸어가듯
그들을 쓸어가 버리는 무서울손 염마왕!

288 · 289

자식도 아니로다, 부모 또한 아니로다.
아무리 정이 깊은 친지와 친구라도
죽음이 엄습해 올 땐 나를 보호 못하리.

지자는 이 두려움 뼛속 깊이 이해하여
스스로 계 지키고 마음 닦아 나가나니

---

11) 우기(雨期) : 비 오는 계절. 인도에는 3-4개월간 매일같이 비가 오는 계절이 있다.
12) 이 게송은 부처님께서 이레 안에 자기가 죽을 것을 모르는 채 장사에 마음을 쓰고 있는 사람을 보고 읊으신 것이다.

마침내 죽음을 이긴 닙바나에 이른다.

제21장 여러가지의 장

290

행복엔 둘 있으니 하난 작고 하난 크네.
작은 행복 누린 후엔 과감히 버리거라.
그 행복 포기해야만 큰 행복을 얻기에.1)

291

제 행복 얻겠다는 그것이 욕심되어
남에게 고통 주면 어찌 원망 않으리?
자신도 과보를 받아 불행 면치 못하리.

292 · 293

교만을 버리거라, 할일만을 해 나가라.
해야 할 일 그만두고 안할 일만 하는 자는

---

1) 이 게송에서 보이는 작은 행복과 큰 행복에 관해서는 23쪽의 각주 5) 참조

주의력 둔해진 끝에 번뇌만이 자라리.

안할 일 하지 않고 할일만을 해나가며
심신에서 일어나는 현상을 관찰하면
참다운 지혜를 얻어 번뇌의 적 이기리.

294 · 295

어미·아비[2] 무찌르고 두 임금[3]을 격파하며
왕국[4]과 세리[5]까지 깡그리 멸한 후에
맑은이[6] 고통 바다[7]를 자유로이 건넌다.[8]

---

2) 어미·아비 : 어미는 갈망, 아비는 교만.
3) 두 임금 : 세계, 또는 나에게 불변하는 주체(영혼 따위)가 있다는 보는 견해(常見 : 상견)와 현재 끊임없이 진행되고 있는 물질(몸)과 비물질(정신)의 작용까지도 없다고 보거나, 죽은 후에는 다음 생이 없다고 보는 견해(斷見 : 단견). 부처님께서는 이 두 견해를 떠난 중도(中道)로써 세계와 인간의 실제 모습을 밝히셨다.
4) 왕국 : 여섯 가지 감각기관인 눈·귀·코·혀·몸(피부)·뜻(마음)(眼耳鼻舌身意)과 그것의 대상이 되는 색깔과 모양·소리·냄새·맛·촉감·생각(色聲香味觸法). 앞의 것을 육근(六根)이라 하고 뒤의 것을 육경(六境)이라 하며, 이 둘을 합쳐 십이처(十二處)라 한다. 왜 십이처가 왕국이냐 하면 이 십이처야말로 중생의 희비애락이 일어나고 있는 현장이어서, 이것 이외의 곳에서는 어떤 경험도 일어날 수 없기 때문이다. 따라서 부처님의 말씀 그대로 "일체(一切)라는 것은 곧 십이처이다."
5) 세리(稅吏) : 세금을 걷는 관리. 여기서는 집착을 의미한다.
6) 맑은이 : 몸과 마음과 지혜가 모든 맑은 사람. 즉, 청정인(淸淨人). 깨달음을 성취한 아라한은 흔히 맑은이라 묘사된다.
7) 고통 바다 : 불교에서는 삶을 흔히 고통 바다, 즉 고해(苦海)로 묘사한

어미·아비 무찌르고 두 임금을 격파하며
왕국과 세리까지 깡그리 멸한 이가
범의 굴9) 빠져나오듯 자유로이 걸어간다.

296 - 301

완전하게 깨어 있고, 언제나 조심하며
신심은 충만하네, 고따마10)의 제자들은.
낮이나 밤이나 항상 붓다의 덕 염11)한다.

완전히 깨어 있고, 언제나 조심하며
신심은 충만하네, 고따마의 제자들은.
낮이나 밤이나 항상 담마12)의 덕 염한다.

다.
8) 이 게송과 다음 게송은 부처님께서 난장이로서 아라한에 이른 한 비구를 칭찬하여 읊으신 것이다.
9) 범의 굴 : 깨달음에 방해가 되는 다섯 가지 장애를, 특히 그 가운데서도 마지막 장애인 법에 대한 의심을 의미한다.
10) 고따마(Gotama) : 부처님의 속성(俗姓)·고타마 가계(家系)에 속한 남자는 모두 이렇게 불리기도 한다. 여기서는 부처님을 의미.
11) 염(念) : 빠알리 어의 사띠(sati)를 옮긴 말. 20쪽의 미주 ①에서 설명한 '주의집중'과 같은 뜻이다. 특히 이 게송에서의 염은 부처님의 거룩하신 모습이나 그분의 위대한 덕을 마음 속에 계속 떠올리는 것을 의미한다. 그것이 곧 염불(念佛)인데, 후대에 염불법은 입으로 부처님의 명호(名號 : 이름)를 외는 것으로 바뀌었다.
12) 담마(dhamma) : 법(法). 22쪽의 각주 4) 참조.

완전히 깨어 있고, 언제나 조심하며
신심이 충만하네, 고따마의 제자들은.
낮이나 밤이나 항상 상가13)의 덕 염한다.

완전히 깨어 있고, 언제나 조심하며
신심이 충만하네, 고따마의 제자들은.
낮이나 밤이나 항상 자비심을 염한다.

완전히 깨어 있고, 언제나 조심하며
심심이 충만하네, 고따마의 제자들은.
낮이나 밤이나 항상 마음닦기 즐긴다.
(일체 중생에게 평화가 있기를!)

302

비구 되기 어렵고, 수행하긴 더 어렵다.
가정생활 어렵고, 남과 살긴 더 어려워.
일체의 어려움 벗고 생사윤회 끊으라.

---

13) 상가(sangha) : 애초에는 모임이라는 뜻이었지만 불교에서는 넓은 의미로는 출가재가의 모든 불제자를 다 포함하는 불교 교단 전체를 의미하였다. 그러나 보통은 출가 승려들의 모임인 승단(僧團)을 의미하였고, 더 좁게는 성위(聖位)에 오른 승려들만을 의미한다. 이 상가가 승가(僧伽)라 음역(音譯)되었고, 상가의 한 사람만을 일컬을 때는 (僧)이라 하였는데, 그것이 우리나라에 와서 '승님'을 거쳐 '스님'이 되었다.

303

그에게는 신심 있고, 계행도 청정하여
여기서는 명성 얻고, 저기서는 행운 얻어
언제나 어디에서나 큰 존경을 받는다.

304

착한 것은 멀리서도 잘 나타나 보이나니
설산14)이 멀리서도 분명하게 보이듯이.
그러나 사악한 것은 밤화살15)과 같으리.

305

그는 홀로 걷고, 외따로이 좌선하며
남 없는 곳에 가서 홀로 눕고 수행한다.
이렇게 홀로 지내며 즐거움을 누린다.16)

---

14) 설산(雪山) : 히말라야 산의 다른 이름.
15) 밤화살 : 밤에 날아가는 화살은 눈에 띄지 않는다.
16) 이 게송은 부처님께서 남과 어울리지 않고 외따로 떨어져 수행에 전념하는 비구를 칭찬하여 읊으신 것이다.

제22장 지옥의 장

306

근거없이 남 헐으면 지옥으로 떨어진다.
악행을 저질러도, 거짓말을 일삼아도
모두 다 지옥에 가서 큰 고통을 받는다.

307

비구되어 가사 입고 청정한 체 하였어도
수많은 남자들이 지옥으로 떨어졌다.
자기의 말과 행동을 다스리지 못했기에.

308

차라리 달구어진 쇳덩이를 삼킬지언정
계 깨뜨려 몸과 입과 마음이 더러운 채로
어떻게 깨끗한 신자의 공양물을 받으리?

309 · 310

남의 아내 탐한 자에겐 불행이 떨어지나니
악덕은 쌓여가고, 불면으로 시달리며
남에게 비난 받은 뒤 지옥에 가 나리라.

이같은 불륜으로 왕의 중벌 자초하여
순간의 즐거움이 공포를 몰아오나니
남자는 남의 아내를 희롱해선 안 되리.

311

억새풀을 꼭 쥔다면 손이 성치 않듯이
나쁜 비구 생활도 몸과 마음 해쳐서
그 생활 그를 이끌어 지옥으로 내몬다.

312

옷이 비구겠느냐, 맨머리가 비구겠느냐?
의례로만 비구되어 청정행을 닦잖으면
그에겐 큰 결과 없으리, 이름만의 비구라.

313

최선을 다하거라, 열성을 바치거라.

무엇인가 일 있을 때 게을러선 안 되리니
비구가 태만히 살면 번뇌만이 쌓일 뿐.

314

저질러서 이익 없는 악행은 왜 지으며
행할수록 이익 있는 선행은 왜 안 닦느냐?
뒤돌아 후회란 없는 선행의 길 걸으라.

315

국경에 성을 쌓아 적들을 경계하듯
자신을 경계하여 안팎으로 보호하라.
틈 하나 생겨날 때는 후회할 일 생기리.

316 · 317

치욕을 영광으로, 영광을 치욕으로
뒤집힌 견해 가진 어리석은 자들에게
올 일은 낮고 천한 세계[1]에 태어나는 것뿐이다.

저들은 위험 · 안전을 뒤바꿔 여기나니
견해가 사특한 이같은 자들에게

---

1) 낮고 천한 세계 : 윤회의 여섯 길 중 나쁜 네 가지 세계. 즉, 지옥 · 아귀 · 축생 · 수라의 세계.

올 일은 낮고 천한 세계에 태어나는 것뿐이다.

318 · 319

잘못을 옳다 하고 옳음을 긇다 하는
뒤집힌 견해 가진 어리석은 자들에게
올 일은 낮고 천한 세계에 태어나는 것뿐이다.

저들은 잘못·옳음을 뒤바꿔 여기나니
견해가 사특한 이같은 자들에게
올 일은 낮고 천한 세계에 태어나는 것뿐이다.

제23장 코끼리의 장

320 - 322

싸움터의 코끼리가 빗발치는 화살 속에
묵묵히 전진하며 고통을 견디듯이
나 또한 저들이 주는 욕설・비방 견디리.[1]

잘 참는 코끼리가 싸움을 이끄나니
혹독한 훈련이 그를 승리자로 만드는 것.
욕설을 이기는 나도 또한 그와 같아라.

노새도 길들이면 신디[2]의 준마 되고
축생 중 현자라 할 코끼리도 그렇거니
사람도 제 다스려야 으뜸 성자 되느니라.

---

1) 이 세 편의 게송은 부처님께서 어느 나라 왕비의 사주를 받은 불량배들이 부처님과 아난다 존자를 뒤따라오면서 욕설과 비방을 퍼부었을 때 아난다 존자가 다른 곳으로 떠날 것을 권하자 이에 대답하여 읊으신 것이다.
2) 신디 : 지명(地名).

323

짐승 타고 가는 곳은 멀어도 땅위 세계.
어떻게 도와 과3)의 성(聖)세계에 이르리?
자기를 닦은 자만이 그곳까지 가느니라.

324

한 코끼리 있었네, 그 이름 다나빨라.
사람에게 붙들려 심한 고통 속에서도
일체의 음식 안 먹고 어미만을 그렸네.

325

살집 좋은 돼지란 놈 흙먼지 속 누워 있듯
실컷 먹고 졸음겨워 뒹굴뒹굴 뒤척이는
게으른 비구되어선 무슨 공덕 있으리?

326

자, 이제 방종·쾌락 방황·혼란 다 버리고
너의 몸과 마음을 예민하게 다스려라.
상사4)가 뾰족한 쇠로 코끼리를 다루듯.

---

3) 도(道)와 과(果) : 수행을 통해 이르는 성위(聖位)들.

327

주의집중 수행을 기쁘게 닦아가라.
마음을 경계하여 번뇌에서 빠져나오라.
늪 속의 큰 코끼리가 늪을 빠져나오듯.5)

328 · 330

만일 네게 총명하고 슬기로운 벗 있거든
그와 함께 기쁘고 안락하게 살아가라.
그러면 생사윤회를 벗어나게 되리니.

그러나 만일 네게 슬기로운 벗 없거든
나라 버린 왕과 같이, 마땅가 코끼리같이
묵묵히 홀로 머물러 안락하게 살아가라.

그럴 바엔 차라리 벗없이 홀로 살라.
어리석은 자와는 어울려 무엇하리?
묵묵히 홀로 살면서 사람 집착 떠나라.

---

4) 상사(象師) : 코끼리를 조련하는 사람.
5) 이 게송은 부처님께서 늙은 코끼리가 군악대가 울리는 북소리를 듣고 옛날 싸움터에서 그 소리를 들으며 전진하던 기억을 되살려 늪을 빠져 나왔다는 이야기를 들으시고 읊으신 것이다.

331 - 333

벗 있어 남의 기쁨 함께하면 즐거워라.
평소에 쌓은 공덕 죽을 때 그를 돕고
거기서 더 즐거운 건 모든 고통 넘는 것6)!

어머니와 아버지를 존경함은 즐거워라.
수행자를 존경하고 보살핌도 즐거워라.
거기서 더 즐거운 건 부처님을 돕는 일!

신심을 옳게 세워 계 지킴은 즐거워라.
악업 없어 맑은 마음 큰 기쁨 왜 아니리?
거기서 더 즐거운 건 일체지혜7) 얻는 것!

---

6) 모든 고통을 넘음 : 깨달음을 성취하여 해탈함.
7) 일체지혜 : 깨달음을 통해서 얻는 지혜.

제24장 애욕의 장

334 - 337

무성한 등나무처럼 욕망만 자라나니
주의집중 없는 자는 방황뿐, 또 윤회뿐.
열매를 찾아 헤매는 잣나비와 같아라¹⁾.

감각적 쾌락에서 벗어나지 못하는 한
그에겐 서러움이 독초처럼 자라난다.
비 맞은 비라나²⁾풀이 무성하게 자라듯.

감각적 쾌락에서 흔연히 벗어나면
그에겐 서러움이 말끔히 사라진다.
연꽃 위 이슬방울이 굴러 떨어지듯이.

---

1) 방황과 혼란, 들뜸과 망설임 속에 안정을 찾지 못하는 중생의 마음은 흔히 원숭이에 비유된다.
2) 비라나(birana) : 열대 지방에 나는 풀.

그러므로 여래는 진실로 이르노니
감각적 쾌락을 뿌리채 뽑아버려라.
비라나 풀 뽑아낸 뒤에 우시라향 얻듯이.

338 - 343

뿌리가 견고하면 둥치를 베어내도
거기서 새싹 나와 다시 무성해지듯
남겨 둔 작은 욕망이 고통으로 자란다.

눈·귀·코·혀·몸과 마음이 대상 만나
온갖 욕망 일으켜서 서른 되고 일백 된다.[3]
그 환상 물결이 되어 중생 쓸어가누나.

욕망은 내[4]게서 생겨 바깥[5]으로 자라난다.
그 원천은 감관이요, 자라남은 넝쿨이니
감관을 굳게 지켜라, 넝쿨 뽑아버려라.

중생은 욕망으로 즐거움을 삼는다.
그러나 앞과 달리 뒤는 괴로움인 것[6].

---

[3] 번뇌의 종류를 일일이 헤아리자면 수천, 수만도 넘을 것이지만 흔히 108번뇌라는 말이 쓰이고 있다.
[4] 나 : 육근(六根).
[5] 바깥 : 육경(六境).

그 욕망 원인이 되어 윤회전생[7]하누나.

그런데도 중생들은 욕망에 넋을 잃고
미끼 앞에 눈 어두워 덫에 걸려 신음하니
욕망이 족쇄되었네, 그를 얽어 매었네.

수많은 중생들이 욕망에 넋을 잃고
미끼 앞에 눈 어두워 덫에 걸려 신음한다.
그 욕망 뿌리뽑은 뒤 온갖 족쇄 벗으라.

344

욕망의 숲을 떠나 수행의 숲 택했으나
다시금 욕망으로 되돌아 가버렸다.
모두들 와서 보아라, 부자유로 돌아간 자를![8]

345 · 346

칼도 쇠사슬도 차라리 무르다 하리.

---

6) 욕망이 채워지면 즐겁지만 그 즐거움은 머지 않아 무너져 괴로움으로 변한다. 따라서 욕망은 앞은 즐거움이나 뒤는 괴로움이라 할 수 있다.
7) 윤회전생(輪廻轉生) : 천상·인간·수라·축생·아귀·지옥 등을 오르내리면서 되풀이 삶을 받아 태어남.
8) 이 게송은 부처님께서 비구였다가 세속으로 돌아가 도적이 된 사나이를 보고 읊으신 것이다.

자식과 재산·아내, 보석과 패물들이
훨씬 더 억센 힘으로 중생 얽어매기에.

현자는 말하나니 그 얽맴이 더 강하여
중생을 칭칭 감아 악도9)로 보낸다고.
현자는 그 결박 풀고 칼10)과 사슬 떠난다.

347

거미가 줄을 치고 그 속에 옹크리듯
중생은 넋을 잃고 정욕 속에 숨어든다.
뛰어난 현자들만이 그를 벗어나누나.

348

과거도 버릴 것이, 미래 또한 버릴 것이.
나아가 번갯불 같은 현재11)도 버릴지니.
그렇게 모두 버리면 생로병사 건너리.

349 · 350

감각적인 즐거움에 마음을 동치 말라.

---

9) 악도(惡途) : 윤회의 길 중 나쁜 네 길.
10) 칼 : 조선 시대에 중죄인에게 씌웠던 형구(刑具)의 하나.
11) 번갯불 같은 현재 : 현재는 현재라 할 찰나 과거가 되어 버리므로

그 순간 놓친 후면 정욕이 자라나서
스스로 생사의 묶임을 자초하게 되기에.

그러나 그 즐거움 고요히 다스려서
언제나 깨어 있고, 마음 모아들이면[12]
이 몸이 허무함 보아 생사윤회 끊으리.

351 · 352

욕망과 두려움과 번뇌에서 해탈하여
윤회의 가시밭길 탈없이 건넜기에
아라한, 완전한 성자, 재탄생은 없으리[13].

욕망에서 벗어나서 참 지혜 얻었기에
옛 현자의 가르침을 낱낱이 드러내는
아라한, 완전한 성자, 재탄생은 없으리.

353

모든 것 이겼노라, 모든 것 알았노라.

---

12) 마음을 모아들임 : 흐트러진 마음을 모아들임. 이로써 선정(禪定)이 생겨난다.
13) 재탄생이 없음 : 아라한은 완전히 번뇌를 제거하였으므로 다시 태어나지 않는다. 그럼으로써 태어남이 원인이 되어 겪어야 하는 일체의 고통을 받지 않는다.

내 스스로 정각14) 이뤄 무상지혜15) 얻었거니
하늘 위, 하늘 아래에 누굴 스승 삼으리?16)

356

베품은 법 베품이, 맛봄은 법 맛봄이
즐김은 법 즐김이 으뜸으로 뛰어나고
욕망을 모두 뽑음이 으뜸가는 탁월이다.

357

어리석은 무리들은 재산을 탐하다가
자신과 남들까지 멸망으로 이끌지만
저 언덕17) 열렬히 찾는 현자 어이 망치리?

356 - 359

잡초가 밭 망치듯 갈망이 중생 망친다.

---

14) 정각(正覺) : 올바른 깨달음.
15) 무상(無上)지혜 : 위 없는 지혜. 부처님께서 성취하신 최고의 지혜.
16) 이 게송과 다음 게송은 부처님께서 깨달음을 성취하시고 첫 설법을 위해 길을 가시던 중 우빠카라는 외도를 만나 읊으신 것으로, 그 때 그는 부처님에게 "당신은 누구를 스승으로 삼아 수행하고 계십니까?"라고 물었기 때문에 이렇게 대답하신 것이다.
17) 저 언덕 : 흔히 고통스러운 중생의 경계는 이 언덕에, 그 고통을 모두 건넌 성자의 경계는 저 언덕에 비유된다. 전자를 차안(此岸), 후자를 피안(彼岸)이라고 함.

갈망에서 벗어난 이 중생의 복전18)이라.
그 분께 공양 올리면 큰 결과가 있으리.

잡초가 밭 망치듯 진심19)이 중생 망친다.
진심에서 벗어난 이 중생의 복전이라.
그 분께 공양 올리면 큰 결과가 있으리.

잡초가 밭 망치듯 어리석음 중생 망친다.
어리석음 벗어난 이 중생의 복전이라.
그 분께 공양 올리면 큰 결과가 있으리.

잡초가 밭 망치듯 욕심이 중생 망친다.
욕심에서 벗어난 이 중생의 복전이라.
그 분께 공양 올리면 큰 결과가 있으리.

---

18) 복전(福田) : 복의 밭이라는 뜻. 깨달음을 성취한 성자에게 공양하면 현실적인 이익, 즉 복이 돌아오므로 복을 짓는 밭이 된다는 의미에서 성자, 나아가 출가 비구들을 복밭이라 부른다.
19) 진심(瞋心) : 성내는, 불쾌해 하는, 짜증내는 마음. 탐심(貪心)·치심(癡心)과 함께 삼독(三毒)으로 꼽힌다.

제25장 비구의 장

360 · 361

눈으로 보는 것을 억제함은 훌륭한 일.
소리들음 · 냄새맡음 억제함도 훌륭한 일.
혀로써 맛보는 것을 억제함도 착한 일.

행동과 말씨들을 억제하여 다스림과
마음을 억제하여 다스림도 훌륭한 일.
일체를 다스린 비구가 고통 벗어나리라.

362

손발을 다스리고 언어를 다스리고
내적 관찰 수행하며 고요히 만족하면
붓다는 그런 이 일러 집난이[1]라 이른다.

---

1) 집난이 : 집을 떠난 사람, 즉 비구. 출가자(出家者). 한편 비구는 일용
품과 음식을 빌어서 생활하므로 비는이(乞士)라고도 불리운다.

363

언어를 다스려서 지혜롭게 말하면서
고요한 마음 가져 교만하지 않다면
그 비구 경의 해설은 듣기 매우 좋으리.

364

법에 편히 머무르고 법에 기쁨 가지며
법에 마음 모으고 법의 뜻 잊잖으면
그 비구 진실로부터 멀어질 리 없어라.

365 · 366

제 힘 따라 얻어진 것[2] 어찌 가벼이하랴?
또한 남이 얻은 공양 부러워도 말지니
부러움 이기지 않곤 삼매 얻지 못하기에.

제 힘 따라 얻은 것이 설사 적다 하더라도
경멸 않는 수행자는 얼마나 아름다우냐?
그 비구 천상의 왕들도 널리 칭찬하느니.

---

2) 제 힘으로 얻은 것 : 비구가 남으로부터 얻은 공양물을 가리킴.

367

몸에도 '나'는 없고 마음에도 '나'는 없다.
'나'도 '나의 것'도 없다는 이 진실을
조금도 슬퍼 않는 이 참 비구라 이르리.

368 - 376

비구로서 고요히 자비선정 머물면
여래의 법 속에서 기쁨·평화 누리고
일체의 조건3)을 멸해 길이 행복하리라.

비구여, 네 배4)의 더러움5) 다 비우면
너는 가벼워져 순조롭게 항해하리라.
더하여 욕망·진심도 버려 닙바나를 얻으라.

다섯 낮은 얽매임6)과 다섯 높은 얽매임7)을

---

3) 일체의 조건 : 태어남의 원인이 되는 모든 애착과 번뇌.
4) 배(舟) : 몸.
5) 더러움 : 나쁜 생각.
6) 다섯 낮은 얽매임 : 깨달음에 장애가 되는 열 가지 중 없애기 보다 쉬운 다섯 가지. (1)자아에 대한 잘못된 견해(자아가 영원하다든지 허무하다든지 하는) (2)법에 대한 의심 (3)계나 의식(의식)에 대한 맹목적인 집착 (4)감각적인 쾌락 (5)탐진치.
7) 다섯 높은 얽매임 : 수행에 방해가 되는 열 가지 장애 중 보다 없애기 어려운 다섯 가지. (1)몸이 있는 천상 세계에 나고자 하는 욕망 (2)몸 없는 천상 세계에 나고자 하는 욕망 (3)교만과 속임 (4)초조와 불안

끊고 부순 뒤에 다섯 힘[8]을 계발하라.
그러면 생사의 흐름을 거슬렀다 이르리.

비구여, 마음 모아 선정을 닦아가라.
방심은 불타는 쇠, 그것을 삼켜야 할 때
"이것이 고통이로다" 울부짖게 되리라.

게으른 비구에게 선정은 생기잖고
선정 없는 비구에게 지혜 또한 없으리라.
선정과 지혜를 얻어 닙바나에 이르라.

한가한 곳 찾을지며 고요한 곳 머물지라.
그래야 평화 얻고 천상락을 경험한 뒤[9]
마침내 진리 깨달아 일체 고통 건너리.

몸과 마음 관찰하면 일어남과 사라짐[10]이
순간순간 명멸하리니 있는 그대로 보거라.

---

(5) 무지와 무명(無明).
8) 다섯 힘 : 수행을 완성시키는 데 필요한 다섯 가지 덕목으로 오력(五力)이라 한다. 신심, 노력, 주의집중, 집중몰입, 지혜.
9) 천상락(天上樂)을 경험한 뒤 : 수행을 통해 아나함(阿那含)의 경지에 오르면 죽은 뒤 정거천(淨居天)이라는 하늘에 태어나 즐거움을 누리면서 깨달음을 성취하여 해탈하기 때문에 이렇게 표현한 것이다.
10) 일어남과 사라짐 : 예민한 관찰력으로써 자기의 신심 현상을 관찰해 보면 그것이 순간순간 일어났다가 사라짐을 알 수 있다.

그러면 죽음을 넘는 일체지를 얻으리.

슬기로운 비구로서 사는 길 말해 주랴?
감각기관 다스려라, 적게 얻어도 만족하라.
그리고 계율에 따라 청정하게 살아가라.

착한 벗 사귀어라, 바른 업11) 지어가라.
진실하게 말하고 고상하게 행동하라.
그러면 큰 즐거움 얻고 일체고통 여의리.

377

비구여, 자스민꽃이 시들어 떨어지듯
욕망과 성냄과 어리석음 떨어뜨리라.
그러면 모든 고통을 벗어나게 되리니.

378

여기 한 비구 있어 그 행동은 고요하고
말씨도 고요하고 주의집중 되었으면
붓다는 그런 이 일러 참 비구라 부른다.

---

11) 업(業) : 본래는 의도적인 행위를 뜻했으나, 점차 의도적인 행위가 남긴 힘이라는 뜻으로 쓰이게 되었다. 이 힘이 중생에게 행복과 불행을 가져다 주는 것으로 가르쳐진다.

379

오 비구여, 너 자신이 자신을 훈계하라.
그렇게 너 스스로 스스로를 보호하라.
그로써 너는 마침내 행복하게 되리니.

380

마지막 의지처는 오직 자기 자신뿐.
(어떻게 남을 제 의지처로 삼으랴?)
마지막 안식처도 오직 자기 자신뿐.
마부가 양마(良馬) 다루듯 너 자신을 다루라.

381

비구로서 붓다의 가르침을 받들면서
깊은 신심으로 기쁨이 가득하면
마침내 열반을 얻어 길이 행복하리라.

382

어린 나이가 무슨 흠이 되겠는가?[12]

---

12) 이 게송은 부처님께서 어린 나이에 깨달음을 성취한 한 사마네라(예비 비구)를 칭찬하여 읊으신 것이다.

열심히 법을 닦아 광명으로 빛나나니
구름을 벗은 달처럼 이 세상을 밝힌다.

제26장 맑은이¹⁾의 장

383

힘찬 정진력으로 거친 흐름²⁾ 막으라.
감각적 쾌락 끊고 몸의 허무 깨달아서
닙바나 이른 사람을 맑은이라 부른다.

384

사마타와 위빠싸나³⁾ 두 법 중 하나 닦아
마침내 그 한계 넘어 깨달음을 성취할 때
맑은 이 해탈을 얻어 얽매임을 벗는다.

385

그에게는 이 언덕도, 저 언덕도 또한 없어
불안과 초조함과 집착·번뇌 다했다.

---

1) 맑은이 : 마음이 완전하게 맑아진 최고의 성자. 즉 아라한(阿羅漢).
2) 거친 흐름 : 욕망의 흐름.
3) 사마타(samatha)와 위빠싸나(vipassana) : 20쪽의 미주 ① 참조.

여래는 그를 가리켜 맑은이라 부른다.

386

고요한 곳에 들어 선정 닦아 청정하고
제 할일 모두 마쳐 큰 목표 이뤘나니
여래는 그를 가리켜 맑은이라 부른다.

387

낮 밝히는 태양이요 밤 밝히는 달일레라.
치장한 왕 화려하고 선정 비구 눈부셔라.
그러나 부처님만은 낮밤 모두 빛난다.

388

악 없으니 맑은이요 고요하니 수행자라.
마음 모아 선정 이뤄 타락·오염 벗어났기
여래는 그를 가리켜 집난이라 부른다.

389 · 390

누구건 맑은이를 때려서는 안되느니.
또한 때린 이에 성내어도 안되느니.
이유야 어떻든간에 성내어선 안되리.

맑은이로 불리면서 성냄을 못 끊으면
무슨 이익 있으리? 자기에게나 남에게나.
그 성냄 끊는 그만큼 고뇌 덜어지리라.

391

몸으로나 언어로나 또한 마음으로써
일체의 그릇됨을 행치 아니하나니
여래는 그를 가리켜 맑은이라 부른다.

392

만일 누군가로부터 법을 잘 배웠거든
공손한 태도로써 그에게 예배하라.
외도4)가 제사 지낼 때 불을 예배하듯이.

393

머리 풀어5) 그 아니요 가문 또한 아니로다.
오직 법 깨달아서 맑고 밝게 살아갈 때
여래는 그를 가리켜 맑은이라 부른다.

---

4) 외도(外道) : 불교 이외의 길(가르침), 또는 그 길을 가는 사람.
5) 머리 풀어 : 부처님 당시 머리를 풀고 수행하던 사람들이 있었다.

394

머리는 무삼 풀며 털가죽 옷 왜 입느냐?
마음은 밀림처럼 번뇌로 빽빽커늘
겉으로 짓고 꾸며서 번지르르하구나.

395

낡은 헝겊 주워 모아 누더기옷 지어 입고
마른 몸·파란 힘줄로 고요히 도 닦으면
여래는 그를 가리켜 맑은이라 부른다.

396

부모 계급 맑은이여도 맑은이로 보지 않네.6)
물질에 애착 않고 소유에서 벗어나면
여래는 그를 가리켜 맑은이라 부른다.

397

얽매임을 모두 끊고 두려움도 모두 떠나
일체의 번뇌로부터 자유 얻어 고귀하면
여래는 그를 가리켜 맑은이라 부른다.

---

6) 인도에서 브라흐마 계급 사람(brahman)들은 성직에 종사하면서 가장 높은 계급으로 대우를 받았다. 그런데 브라흐마는 맑은 사람이라는 뜻이기 때문에 이렇게 말씀하신 것이다.

398

몸 묶은 줄7)을 끊고 견해고삐8) 쾌히 잘라
무지와 컴컴함을 밝음으로 채웠으면
여래는 그를 가리켜 맑은이라 부른다.

399

꾸짖음과 욕설·결박, 매질과 시달림을
무장한 병사처럼 꿋꿋이 이겨내면
여래는 그를 가리켜 맑은이라 부른다.

400

성냄을 이겨내고 수행에도 근실하고
덕 높고 겸손하고 쾌락까지 다스리면
여래는 그를 가리켜 맑은이라 부른다.

401

송곳 위의 겨자씨와 연꽃 위의 이슬처럼
조금의 쾌락조차 허락치 아니하면

---

7) 줄 : 욕망.
8) 견해(見解)고삐 : 삿된 견해를 고삐에 비유한 것.

여래는 그를 가리켜 맑은이라 부른다.

402

금생에 일체고통 바닥까지 씻어내어
몸과 마음 집착 않고 번뇌에서 벗어나면
여래는 그를 가리켜 맑은이라 부른다.

403

바른 것 그른 것을 분명하게 가려내고
위 없는 수행 목표 성취하여 마쳤으면
여래는 그를 가리켜 맑은이라 부른다.

404

스스로 초연하여 남들과 떨어져서
거처없이 살아가며 적은 것에 만족하면
여래는 그를 가리켜 맑은이라 부른다.

405

모든 생명 해치잖고 무기도 버렸으며
해치는 원인 또한 저 멀리 없앴으면
여래는 그를 가리켜 맑은이라 부른다.

406

괴롭히는 자들에게 원한을 품지 않고
폭행하는 자에게도 용서·평화·자비뿐.
여래는 그를 가리켜 맑은이라 부른다.

407

욕망도 분노도 교만도 또 위선도
송곳 끝 겨자씨처럼 모두 다 떨어지면
여래는 그를 가리켜 맑은이라 부른다.

408

말씨는 온화하고 배울 바 있고 진실하고
누구든 위협 않고 평정 속에 머무르면
여래는 그를 가리켜 맑은이라 부른다.

409

길거나 또 짧거나 곱거나 또 거칠거나
남의 물건 제 뜻대로 갖지 않는 수행자여.
여래는 그를 가리켜 맑은이라 부른다.

410

이 세상도 구하잖고 다음 세상 집착 않아
모든 욕망·갈망과 집착·번뇌 벗어나면
여래는 그를 가리켜 맑은이라 부른다.

411

네 진리9)를 모두 알아 일체 의심 떨었으며
닙바나 성취하여 죽음을 넘었으면
여래는 그를 가리켜 맑은이라 부른다.

412

선에서도 벗어나고 악에서도 벗어나서
마음에 슬픔 없고 모든 때10) 씻어내면
여래는 그를 가리켜 맑은이라 부른다.

413

그 맑음 물에 대랴, 그 밝음 달에 대랴?
즐거움도 파괴하고 욕망 또한 벗어나면
여래는 그를 가리켜 맑은이라 부른다.

---

9) 네 진리 : 사성제. 34쪽의 각주 7) 참조.
10) 때(垢) : 마음의 때를 가리킴.

414

고난의 길 여행하고 생사바다 넘었도다.
의심과 갈애 벗고 저 언덕에 올랐으면
여래는 그를 가리켜 맑은이라 부른다.

415 · 416

세상은 쾌락의 집, 그 집 떠나 비구되어
뿌리 깊은 존재욕을 완전히 파괴하면
여래는 그를 가리켜 맑은이라 부른다.

세상은 욕망의 숲, 그 숲 떠나 비구되어
뿌리 깊은 욕망·갈애 완전히 파괴하면
여래는 그를 가리켜 맑은이라 부른다.

417

인간계도 얽매임이, 천상계도 얽매임이.
두 얽맴 모두 풀어 일체결박 벗어나면
여래는 그를 가리켜 맑은이라 부른다.

418

세간도 출세간[11]도 이젠 집착 않노라며
용맹과 지혜로써 일체번뇌 다스리면
여래는 그를 가리켜 맑은이라 부른다.

419 · 420

모든 중생 오는 길과 가는 길[12]을 밝히 알고
번뇌에서 멀리 떠나 깨달음에 이르르면
여래는 그를 가리켜 맑은이라 부른다.

그가 가는 길 천인[13]조차 모르나니
모든 번뇌 파괴하고 욕망조차 버렸도다.
여래는 그를 가리켜 맑은이라 부른다.

421

과거엔 왜 머물며 현재·미래 무삼 근심?
시간의 굳센 결박 마침내 풀어내면
여래는 그를 가리켜 맑은이라 부른다.

---

11) 세간(世間)과 출세간(出世間) : 세간은 세속을, 출세간은 세속을 떠난 비구 생활을 가리킴.
12) 중생이 오는 길과 가는 길 : 전생으로부터 오는 길, 죽어서 내생에 가는 길을 말함.
13) 천인(天人) : 하늘 세계의 사람.

422

공포 없는 성자로다, 우뚝한 꽃부리14)로다!
위대한 스승이며, 욕망의 정복자로다!
여래는 그를 가리켜 맑은이라 부른다.

423

자기의 전생15) 알고, 하늘·지옥 바라보며
재생16)의 길을 끊고, 도와 과 이뤘으면
여래는 그를 가리켜 맑은이라 부른다.

---

14) 꽃부리 : 꽃의 가장 아름다운 부분인 화관(花冠). 여기서는 만인에게 뛰어난 사람, 즉 영웅을 의미한다.
15) 전생(前生) : 이번 삶 바로 이전의 삶, 또는 이전의 모든 삶.
16) 재생(再生) : 다시 태어남. 이것이 모든 고통의 기반이 되므로 깨달음을 얻어 끊을 것이 요청된다.

작가의 말

부처님 말씀을 보다 가까이

1. 드넓어서 도리어 곤란한 불교

불교의 가르침은 바다처럼 넓다. 불교의 가르침이 그처럼 넓다는 것은 일단 장점으로 보아도 좋을 것이다. 우리의 삶이 다양한만큼 다양한 가르침을 통해서만이 제각각 안심입명을 얻을 것이기 때문이다.

그렇지만 우리 불교계를 살펴보면 그 점이 반드시 유익하지만은 않다는 것을 발견하게 된다. 실제로 불교를 신행하는 사람에게 있어서는 불교의 가르침이 바다처럼 넓다는 점이 보탬보다는 장애가 되는 예가 많다는 말이다.

광활하기 이를 데 없는 불교의 가르침은 불교가 드넓은 포용력을 지니고 있음을 의미한다. 그렇지만 다른 한편으로는 불교란 배우면 배울수록 아득하고 막막해진다는 것을 의미하기도 한다. 이 때문에 불교 공부에 요령을 얻지 못한 많은 불교 신행자들이 경전의 바다에서 표류하고 있다.

따라서 불교인은 먼저 바다처럼 많은 가르침들을 정리해야만 한다. 수많은 가르침 가운데 어떤 것이 먼저이고 어떤 것이 뒤인지, 어떤 것이 중요하고 어떤 것이 덜 중요한지를 밝혀야만 하는 것이다. 그런 다음 보다 먼저이고 또 중요한 가르침부터 차근차근 이해해 나간다면 아무리 광대한 불교라 할지라도 마침내는 전모를 드러내지 않을 수 없을 것이다.

그런데 이같은 곤란은 중국 불교인들에게도 마찬가지였었다. 그리하여 중국 불교인들은 교상판석(教相判釋 : 줄여서 교판)이라는 학문을 발달시켰다. 교상판석이란 수많은 경전을 가르쳐진 시기나 뜻의 깊이 여부에 따라 체계적으로 분류하는 것을 가리킨다.

대체로 어떤 경전을 해석하려는 학자나 스님은 먼저 교판을 행하는 것이 통례이다. 그럼으로써 그 경전이 모든 경전들 가운데 어떤 위치에 있으며 어느 정도로 중요한지를 이해시킬 수 있기 때문이다. 또, 한 종파를 성립시키려 할 때에도 교판부터 하지 않을 수 없는데, 그래야만 그 종파의 소의경전(所依經典 : 의지하는 바 가장 중요시하는 경전)이 왜 소의경전으로 존중되는지를 밝힐 수 있기 때문이다.

중국 불교에서 행해진 많은 교판 가운데 가장 유명한 것은 천태지의(天台智顗) 대사의 오시팔교(五時八教) 설이다. 이에 따르면 부처님께서 행하신 일대의 가르침은 모두 다섯 때(오시), 여덟 종류(팔교)로 나눌 수 있다. 다섯 때란 각각 화엄시, 녹원시, 방등시, 반야시, 법화열반시이다.

화엄시(華嚴時)는 부처님께서 깨달음을 성취하신 직후 21일 동안 화엄경을 설하시던 때이다. 그런데 화엄경의 내용은 너무 높고 미묘하여 근기가 걸출한 중생이 아니면 이해할 수 없었다. 따라서 부처님께서는 두번째로 가장 근기가 낮은 중생을 대상으로 쉽고 간명한 가르침을 펴셨는데, 그것이 12년간의 녹원시(鹿苑時)이다.

녹원은 부처님께서 다섯 제자들을 상대로 생애 첫 설법을 하셨던 녹야원(鹿野苑)을 가리킨다. 그러나 부처님의 본심은 녹원의 가르침 수준에 있지 않았다. 그래서 때가 되자 부처님께서는 12년간에 걸친 지금까지의 가르침을 소승(小乘), 즉 낮은 수준의 가르침이라고 비판하시면서 새로운 가르침인 대승(大乘)을 설하셨다. 8년간의 이 시기를 방등시(方等時)라고 한다.

그런 후에 다시 그보다 더 높은 가르침인 반야경을 22년간 설하시니 이것이 반야시(般若時)이고, 반야시까지의 기나긴 준비가 다 끝나 생애의 최후 순간에 이르자 가장 핵심적이고도 중요한 가르침인 법화경과 열반경을 8년에 걸쳐 설하셨으니 이것이 법화열반시(法華涅槃時)이다.

지의 스님은 오시를 해가 떠서 세상을 비추는 것에 비유하였다. 화엄시는 맨처음 해가 뜰 때 건너 쪽 산꼭대기를 비추는 것과 같고, 아함시는 해가 좀 더 높이 뜨자 골짜기를 비추는 것과 같으며, 방등시와 반야시는 해가 좀 더 골고루 비추는 것과 같고, 법화열반시에 이르면 해가 중천에 떠서 온갖 사물을 남김없이 다 비추는 것과 같다는 것이다'오시팔교'

가운데 '팔교'에 대한 설명은 생략한다).

　이같은 지의 스님의 교판은 매우 요령있게 방대한 불교경전의 위치를 정해 주었다. 따라서 다른 여러 교판보다 널리 알려졌으며, 이에 따라 법화경은 모든 경전 가운데 가장 중요한 경전으로 존중되는 결과를 낳았다. 그리고 그것이야말로 지의 스님이 원하는 바였으니, 지의 스님은 법화경을 소의경전으로 삼는 천태종(天台宗)의 종조(宗祖)였던 것이다.

2. 부처님의 육성은 빠알리경에 담겨 있다

　그러나 중국불교는 물론 한국불교에도 결정적인 영향을 미친 지의 스님의 오시설은 역사적인 사실과는 아무 관련도 없음이 밝혀졌다. 지의 스님께서 활동하시던 수(隋)나라 시절에는 밝혀지지 않았던 사실이 후대에 이르러 속속 밝혀짐으로써 가장 먼저 설해졌다던 화엄경이 실은 녹원시의 가르침들보다 늦게 성립하였다는 것이 드러난 것이다.

　또, 부처님께서 시기에 따라 차원이 다른 가르침을 설하셨다는 것도 근거가 없음이 증명되었다. 오히려 부처님께서는 첫설법과 마지막 설법이 일관되도록 가르치셨던 것이다. 따라서 오시설은 이제와서는 맞지 않는 교판이 되었고, 모든 진실에 부합하는 새로운 교판이 필요해졌다고 할 수 있겠다.

　지금까지 밝혀진 바를 오시설에 사용된 분류법에 대입하면 부처님께서 당신의 입을 통해 직접 말씀하신 것은 아함시의 경들이다. 다시 말해서 부처님께서는 중국과 우리나라에서 소승이라 부르며 가볍게 여겨왔던 있는 경들만을 가르치셨던 것이다. 그리고 나머지 네 부류의 경들은 후대 불교인들에 의해 새로이 결집된 것들이다.

따라서 아함부경들(아함경은 하나의 경이 아니라 수천 개의 작은 경들로 이루어져 있으므로 아함부라고 불린다)이야말로 불교의 뿌리와 줄기에 해당되는 경들이며, 대승경들은 그 뿌리·줄기로부터 나온 가지나 잎에 해당된다고 볼 수 있다.

따라서 근래에 이르러 아함부경들에 대한 관심이 높아지고 있는 것은 매우 당연한 일이다. 후대의 불교인들에 의해 엄청난 양의 대승경들이 찬술되면서 불교가 매우 다채롭게 전개된 것은 사실이다. 그러나 그에 의해 최초에 부처님께서 설하셨던 바 가르침이 난해한 밀림 속에 파묻혀 버린 것 또한 사실인만큼, 그 밀림 속에서 부처님의 금구친설(金口親說 : 부처님의 입에서 직접 나온 가르침)을 분별해내고 싶은 마음이 왜 없겠는가.

아함부경은 우리가 속하고 있는 북방불교의 경전인 북전대장경의 일부를 이루고 있다. 그런데 스리랑카, 태국, 미얀마 등 남방불교권에서는 북전의 아함부경과 대동소이한 경들로 이루어진 남전대장경(南傳大藏經)을 경으로 받들고 있다. 다시 말해서 그들에게는 우리가 대승경전이라 부르며 존중하고 있는 경들, 예컨대 화엄경, 금강경, 법화경은 물론 심지어는 반야심경과 천수경까지도 없다.

이 말은 남방불교와 북방불교의 공통분모가 아함부경에 있음을 의미한다. 그럴 수밖에 없는 것이 아함부경이야말로 부처님의 최초의 가르침을 가장 잘 보존하고 있는 경들이기 때문이다.

부처님께서 입멸하신 후 마하가섭(마하까싸빠)을 중심으로 한 오백 명의 장로비구들이 칠엽굴(七葉窟)에 모여 가르침을 합송(合頌)함으로써 경전을 편찬했다는 것은 널리 알려진 일이다. 그 후 경전은 암송에 의해 후대에 전승되다가 불멸(佛滅) 후 사백 년 경에 이르러 산스크리트어(語)와 빠알리(Pāli)어로 기록되었다.

북전 아함부경은 이 가운데 산스크리트어 본에 따른 것이고, 남전의 아함부경은 빠알리어 본에 따른 것이다. 그런데 남전 빠알리경은 북전 아함부경에 비해 양도 풍부하고 의미도 명료하다. 왜냐하면 북전 아함부경을 전승해 온 북방불교가 아함부경에 이어 나타난 여러 대승경들을 존중하느라고 아함부경을 중시하지 않은 데 비해, 남전 아함부경을 전승해 온 남방불교에서는 대승경은 경으로 인정하지 않은 채 오직 아함부경만을 부처님의 가르침으로 존중해 왔기 때문이었다.

그 결과 북전 아함부경은 원본인 산스크리트어본이 산실되어 지금은 한역본(漢譯本)만이 남아 있을 뿐이다. 그에 비해 남전 빠알리경은 기록되던 당시의 언어였던 빠알리 어와 더불어 매우 충실하게 남아 있다.

빠알리어는 부처님께서 주로 활동하셨던 고대 마가다(Magadha) 국의 언어로 알려져 있으나 지금은 사멸되었다. 대신 남전대장경을 전하는 언어로서만 살아 있는 언어인 것이다.

3. 의미가 불분명했던 그동안의 법구경 번역본들

따라서 부처님의 육성을 보다 가깝게 듣고자 한다면 우리는 서둘러 빠알리 대장경을 번역하지 않으면 안 된다. 그렇지만 그 방대한 사업은 쉬운 일이 아니어서 우리를 안타깝게 하고 있다. 그런 가운데 몇몇 기관과 개인이 빠알리경의 번역에 착수하여 성과물들을 내놓고 있는 것은 매우 고마운 일이 아닐 수 없다 하겠다.

그 가운데 하나가 거해 스님에 의해 편역된 〈법구경(1992년, 고려원)〉이 아닐까 한다. 이 책은 게송과 함께 그 게송이 설해진 인연담까지 담고 있는데, 600페이지가 넘는 책 두 권으로 이루어진 대작이다.

다행스러웠던 일은 나 자신 그 번역작업에 참여할 수 있었다는 것이다. 그 작업에서 나는 거해 스님의 번역 초고를 다듬는 일을 맡았다. 원고량이 워낙이 많다보니 여덟 달이라는 긴 시일을 필요로 하였지만, 내가 그 작업을 통해 얻은 것들은 내가 거기에 들인 시간과 노력을 충분히 보상하고도 남았다.

그 작업에 참여하기 훨씬 전부터 나는 법구경에 대해 듣고 있었을 뿐 아니라 읽은 적도 있었다. 그러나 경을 읽고 난 소감은 별로 만족스러운 것이 아니었다. 너무나 평이하였기 때문이다. 옳긴 하지만 예리한 맛이 느껴지지 않았다. 중생계를 뛰어넘은 대스승으로서의 부처님다운 탁월성이 별로 느껴지지 않았던 것이다.

　법구경은 '부처님의 산상수훈', 또는 '부처님의 논어'라고 부를 수 있는 경이다. 예수님의 가르침이 산상수훈에서 골격을 드러내고 있고, 공자님의 가르침이 짧은 경구의 모음인 논어에 다 드러나고 있듯이 부처님의 가르침은 법구경에 다 드러나고 있기 때문이다.

　그러나 전에 내가 읽었던 법구경에서는 예수님의 상상수훈에서 보이는 바 아름다운 비유와 뛰어난 내용, 공자님의 논어에 보이는 것과 같은 예리한 통찰의 예지를 발견할 수 없었다.

　그러다가 거해 스님의 법구경 번역작업에 참여하면서 나는 법구경이 어째서 부처님의 산상수훈이며 논어인지를 비로소 알 수 있었다. 알고보니 법구경은 과연 위대한 경전이었다. 그리고 매우 현대적이며 신선한 경전이기도 하였다.

　다만 우리는 그동안 법구경을 신선하고 위대한 본래 그대로의 맛으로 맛볼 수 없었던 것 뿐이었다. 이같은 문제점은 그동안 출간된 법구경들이 한역본이나 일역본, 영역본으로부터 번역된 데 원인이 있다. 법구경의 원형인 빠알리 경으로부터 직접 번역된 법구경은 한 권도 없었던 것이다.

　거기에다 빠알리경이 가르치는 바 핵심수행법인 위빠싸나(vipassana)나 사마타(samatha)를 닦아 본 번역자도 없었다. 설사 빠알리어에 능통한 번역자일지라도 수행체험이 없거나 부족할 경우 경이 지닌 의미를 밝히지 못한 채 넘어갈 수밖에 없는 부분도 있을 것이기 때문에 이 점은 매우 중요하다. 그

점은 나 자신 위빠싸나 수행법을 직접 닦아가는 동안 더욱 실감할 수 있었다.

기존의 번역본들과 거해 스님의 번역본의 차이를 극명하게 드러내는 한 예로써 법구경 제2장을 살펴보기로 하자. 이 장의 이름은 빠알리어로는 '사띠(sati)의 장'인데, 문제는 사띠라는 말이 지닌 의미이다. 이 말을 국내 번역본 대부분이 '정진(精進)'이나 '불방일(不放逸)'로 옮기고 있다.

그에 비해 거해 스님의 번역본은 이를 '마음집중'으로 번역하고 있는데, 정진과 마음집중이 의미하는 바는 전혀 다르다. 정진이 노력을 뜻하는 데 비해 마음집중은 구체적인 내용을 갖는 특정한 수행법을 지칭하는 말이기 때문이다.

두 용어의 쓰임은 그것을 팔정도(八正道)에 대입해 봄으로써 더욱 분명히 알 수 있다. 팔정도의 여덟 덕목 가운데 정진은 여섯번째에 해당되고 마음집중은 일곱번째에 해당되는, 확연히 구별되는 다른 덕목인 것이다.

팔정도의 여섯번째 덕목인 정정진(正精進)은 빠알리어의 삼마와야마(samma-vayama)를 옮긴 말이다. 삼마는 올바름을, 와야마는 노력(정진)을 의미한다. 한편 일곱번째 덕목인 정념(正念)은 빠알리어의 삼마사띠(samma-sati)를 옮긴 말이다. 이로써 사띠에는 염(念)이라는 번역어가 따로 있음을 알 수 있다.

그리고 사띠, 즉 염이야말로 팔정도의 여덟 덕목 가운데 우리 몸에서의 눈(眼)처럼 요긴한 덕목이다. 이것이야말로 불교 수행법의 핵심이기 때문이다. 앞의 여섯 덕목(정견에서부터 정정진까지)은 염을 잘 수행하기 위한 준비덕목이라고 할 수 있고, 뒤의 한 덕목(정정)은 염을 잘 수행한 결과 얻어지는 것이라고 할 수 있는 것이다.

그런데 사띠가 마음집중이라고만 번역되는 것은 아니다. 근래에 좋은 번역서를 선보이고 있는 정원 스님은 이를 마음챙김이라고 번역하고, 마음집중이라는 용어는 팔정도의 여덟 번째 덕목인 정정(正定)을 의미하는 말로 사용하고 있음을 볼 수 있다.

이런 정황은 사띠라는 말이 가진 다양한 의미를 우리말의 한 단어로 충분히 옮길 수 없는 사정 때문에 생겨난 것일 터이다. 한편 필자는 이 책에서 사띠를 주의집중으로 번역하기로 하였다. 이는 사띠를 영어로 옮길 경우 mindfulness로 옮긴다는 점과, 실제로 사띠에 주의(注意)와 집중이라는 정신적인 요소가 포함된다고 보았기 때문이다(보다 상세한 설명은 본문의 20쪽 미주 ①을 참고하기 바란다).

문제의 요점은 사띠를 마음집중, 마음챙김, 주의집중 가운데 어떤 것으로 옮기느냐에 있는 것이라기보다 그것이 구체적인 수행법을 내용으로 담고 있느냐 아니냐의 여부이다. 사띠를 정진이라고 번역할 경우 그것은 단순한 노력을 뜻할 뿐이다. 그렇지만 무엇을 노력하는가? 이 질문의 '무엇'에 해당되는 것이 곧 사띠이다.

아함부경(또는 빠알리경)에서 부처님은 모두 일곱 가지의 수행법을 제시하고 계시는데, 그 내용은 각각 사념처(四念處), 사정진(四精進), 사여의족(四如意足), 오근(五根), 오력(五力),

칠각지(七覺支), 팔정도(八正道)이다. 이 모든 수행덕목들을 합치면 서른일곱이 된다. 이 때문에 이 모두를 합쳐 삼십칠도(三十七道)라고도 부른다.

다시 말해서 부처님께서는 우리에게 마음의 평화를 성취할 수 있는 길로서 서른일곱 가지 덕목들을 제시하셨다. 그런데 이 서른일곱 덕목을 분류해보면 정진과 염이 각각 아홉씩임을 확인할 수 있다. 사정진의 넷이 모두 정진이고, 사여의족, 오근, 오력, 칠각지, 팔정도에 모두 정진이 하나씩 들어 있어 정진은 모두 아홉이 된다. 염 또한 사념처의 넷이 모두 염이고, 사여의족, 오근, 오력, 칠각지, 팔정도에 각각 하나씩이 들어 있다.

쉽게 말해 서른일곱 덕목을 간단히 요약하면 "염을 정진하라"는 한마디가 된다고 해도 과언이 아니다. 염과 정진만으로 열여섯 덕목이 될 뿐 아니라, 일곱 가지 수행법 가운데 여섯 가지에 골고루 들어 있는 것은 염과 정진뿐이다. 단지 염만을 가르치는 사념처에서 정진이 빠지고, 정진만을 가르치는 사정진에서 염이 빠졌을 뿐이다.

또, 한 덕목만으로 독립적인 하나의 수행법을 이루고 있는 것은 염과 정진뿐임도 알 수 있다. 사념처는 염만으로 사정진은 정진만으로 구성된 수행법인 것이다. 그런데 정진은 부처님뿐 아니라 인류의 모든 스승들이 강조하고 있는 덕목이어서 독특한 면이 없는 덕목이라는 점을 생각할 때, 부처님의 가르침 가운데 가장 독특하고도 중요한 핵심은 염이라는 수행법 안에 담겨 있음을 알 수 있다. 그 염이 법구경의 제2

장에서 강조되고 있는 사띠, 그것인 것이다.

4. 중역본과 직역본의 차이

그런데도 이처럼 중요한 용어의 번역에서조차 혼선이 빚어지고 있었으므로 그동안 선보였던 여러 종의 법구경들은 뜻이 매우 두루뭉수리해질 수밖에 없었던 것이다. 그러니 내가 기존의 법구경에서 신약성서나 논어에서와 같은 신선한 향기나 깊은 철리(哲理)를 발견하지 못했던 것은 당연한 일이었다 하겠다.

내가 기존의 법구경에서 느꼈던 곤란과 새 번역본에서 느꼈던 기쁨을 다음 역본의 대조를 통해 쉽사리 이해할 수 있으리라 생각된다.

역본 1

게으르지 않음은 영원한 삶의 집이요, 게으름은 죽음의 집이다. 게으름을 모르는 사람은 죽음도 모를 것이고, 게으른 사람은 이미 죽음에 이른 거나 마찬가지다.

이같은 생각을 분명히 이해한 현자(賢者)는 이 생각을 기뻐하고 성인된 지혜를 즐기리라.

생각이 깊고 참을성이 있고 항상 힘써 애쓰는 사람은,

가장 높은 자유와 행복이 있는 열반에 이른다.

(게송 21-23)

역본 2

방일(放逸)하지 않음은 죽지 않는 길이요
방일은 죽음의 길이라 하나니
방일하지 않은 사람은 죽지 않으며
방일한 사람은 죽음과 같도다.

이런 이치를 밝게 알아서
방일하지 않는 사람은
방일하지 않는 속에 기뻐하고
성자의 세계를 즐거워한다.

선정에 머물고 인내하면서
언제나 정진하는 현명한 사람
그들은 더없이 안온한 열반을 얻는다.

역본 3

계(戒)를 감로(甘露)의 길이라 하고
방일을 죽음의 길이라 하나니,
탐하지 않으면 죽지 않고
도(道)를 잃으면 스스로 죽느니라.

이 이치를 밝게 알아서
마침내 방일하지 않는 사람은,
방일하지 않는 속에 기쁨이 있어
성자(聖者)의 경계(境界)를 얻어 즐긴다.

그들은 항상 도를 생각해
스스로 굳세게 바른 행실 지키며,
용맹하고 슬기롭게 세상을 건너
위 없는 편안한 행복을 얻는다.

역본 4 (거해 스님 번역)

마음집중은 죽음을 벗어나는 길
마음집중이 되어 있지 않음은 죽음의 길
바르게 마음이 집중된 사람은 죽지 않는다.
마음집중이 되지 못한 사람은 죽은 사람과 같다.

이같은 진실을 완전하게 알아
항상 마음을 집중시키는 현자에게 있어
마음집중은 그에 법희(法喜)를 주고
그를 언제나 성스러운 길에 머물게 한다.

현자는 지속적으로 마음집중을 수행하여
내적 고요와 평화를 성취하나니
닙바나1)는 모든 얽매임으로부터 벗어난 경지,

닙바나는 위 없는 참된 기쁨이며 행복이다.

역본 5 (필자의 시조역)

죽음을 벗어나는 놀라운 길 예 있으니
몸과 마음에 주의를 집중하여
깨어서 살필지니라, 그리하면 불사(不死) 이루리.

이같은 진실을 분명하게 이해하고
언제 어디서나 주의집중에 머물라.
그러면 법희 가운데 성도과(聖道果)를 얻으리.

현자는 끊임없이 주의집중을 수행하여
내적 고요와 평화를 성취하나니
열반은 위 없는 자유, 행복이요 기쁨이다.

5. 부처님의 육성을 시조로 듣는다

앞의 예에서 보는 것처럼 거해 스님의 번역문은 앞의 것들에 비해 그 의미가 매우 명료하다. 그리고 이같은 명료성은 법구경의 다른 게송에 대해서도 두드러지고 있는데, 이 때문에 나는 거해 스님의 법구경 번역작업에 참여하는 동안 부처

---

1) 닙바나(nibbāna) : 진리를 깨달아 얻는 마지막 경지. 열반(涅槃)이라고 음역(音譯)되며, 산스크리트어로는 니르와나(nirvana)라 한다.

님을 바로 곁에서 모시고 공부하는 듯한 느낌을 받았다.

그 결과 나는 전보다 더 열심히 수행에 매진할 수 있었고, 그를 통해 새로이 알게 된 부처님과 불교, 그리고 수행에 대해 몇 권의 책을 써서 불자들 앞에 선보이기까지 하였다. 부처님의 생애를 다룬 〈깨달음의 향기〉(불지사), 가르침을 다룬 〈근본불교의 가르침〉(불광출판부), 위빠싸나 명상법을 해설한 〈마음을 다스리는 법〉(둥지)이 그것이다.

그런 한편 만일 부처님께서 한국 땅에서 가르침을 펴셨다면 법구경이 어떤 형태가 되었을지도 생각해 보았다. 그리고 그 결론으로서 나는 시조(時調) 형식을 떠올리지 않을 수 없었다.

부처님의 가르침은 그 표현형식에 따라 흔히 십이부(十二部)로 분류된다. 그 가운데 법구경은 게송(偈頌), 즉 시(詩)의 형식을 취하고 있으며, 대체로 넉 줄(여섯 줄인 것도 더러 있다)로 되어 있는 운문(韻文)이다. 부처님은 설법이 끝나면 그의 내용을 잘 암송할 수 있는 시의 형식으로 정리해 주셨던 것이다.

법구경은 그처럼 시로 정리된 가르침 가운데서 유명하고 요긴한 것들을 모은 일종의 시집이다. 다만 그 내용에 있어 법(法), 즉 진리를 담고 있다는 것이 일반 시집들과의 차이점이다. 그런데 부처님께서 당신의 가르침을 시로 정리한 의도에 걸맞는 시형식을 우리나라에서 찾는다면 그것은 시조일 수밖에 없다. 시조는 우리말에서 생겨난, 가장 우리말의 조건에 맞는 시형식인 것이다.

따라서 나는 거해 스님의 법구경 번역본을 토대로 이를 시조로 바꿔보면 어떨까 생각한 결과 그것은 매우 의미있는 작업이 될 것이라고 판단하기에 이르렀다.

가장 기대되는 의미는, 잘 번역된 시조법구경으로 하여 부처님의 가르침이 보다 널리 사람들의 입에 오르내릴 수 있지 않을까 하는 점이다. 한국인으로서 정몽주의 단심가(丹心歌)나 이방원의 하여가(何如歌)를 읊조려 보지 않은 사람은 드물다. 그밖에도 황진이, 정철, 윤선도 등의 시조가 우리들의 입에 오르내리는 예는 매우 흔하다.

이것은 그 시조들이 탁월하기 때문만은 아니다. 그것들이 우리 말의 운율을 가장 잘 살린 시조 형식을 취하고 있기 때문에, 다시 말해서 외고 읊조리기가 쉽고 즐겁기 때문에 생겨나는 현상인 것이다. 그 점은 같은 정도로 저명한 다른 시를 우리가 잘 외지 못하는 것을 생각해 보더라도 분명한 일이다.

따라서 법구경을 잘 시조화하면 먼 훗날 우리의 자손들이 시조법구경을 단심가나 하여가를 외듯 욀 수도 있겠다고 나는 생각해 보았다. 거기에 요즘 불교계에 널리 번지고 있는 찬불가 운동이 이같은 기대를 더욱 자극하였다. 시조로 된 법구경 게송들은 찬불가의 가사로서도 손색이 없을 것이기 때문이다.

시조로 이루어진 가사의 장점은 시조로 이루어진 다른 곡에 쉽게 옮겨 부를 수 있다는 점에 있다. 시조는 글자 수가 거의 일정하다. 따라서 시조를 가사로 삼아 만들어진 노래,

예를 들어 '봄처녀'나 '옛동산에 올라', '성불사의 밤', '사랑' 등의 곡에 다른 시조를 대입하더라 훌륭한 노래가 된다.

단지 아직은 시조가사에 걸맞는 찬불곡이 없어나 드물다는 것이 문제다. 앞에서 예로 든 '봄처녀' 등을 찬불가로 전용하기에는 곡이 지닌 정서상의 거리가 있다는 말이다. 따라서 앞으로 이 조건에 부응하는 좋은 찬불가가 많이 나오기를 기대해 본다.

이 작은 책자를 통하여 독자 여러분이 부처님의 금구친설에 더욱 가까워지길 바라 마지않는다. 그리하여 불법의 향기로움과 아름다움 속에서 견해와 행위가 더욱더 바르고 품위있게 정립되기를 바란다. 나아가, 바른 수행을 통하여 깨달음을 성취하기에 이른다면, 그럼으로써 모든 번뇌와 고통으로부터 벗어나 고귀한 열반을 얻게 된다면 얼마나 좋으랴. 그것이야말로 이 책 담마빠다(Dhammapada : 법구경의 빠알리어 이름. 담마는 진리를, 빠다는 길을 뜻한다)를 남기신 저 위대하신 스승께서 우리를 향해 기대하신 바 단 한 가지 바람이었을진대!

1998년 6월 5일

김 정 빈

김 정 빈

1980년 현대문학에 수필이. 1981년 조선일보에 동화가 당선되어 문단에 데뷔하였다. 이후 30권의 작품을 발표하였는데, 그 주류는 구도에 관한 것으로 불교를 다룬 저작만 12권에 이른다.

1984년에 발표한 소설〈단(丹)〉은 다음해 출판사상 최대의 판매기록을 세웠고, 1989년부터 위빠싸나 명상을 수행하기 시작하였다. 이후 인도와 네팔, 태국 등을 순례하였으며, 1985년에는 미얀마의 찬미에 수도원에서 삭발승이 되어 위빠싸나 명상을 직접 체험한 바 있다. 1997년에 발표한〈마음을 다스리는 법 : 위빠싸나 명상〉이 베스트셀러가 됨으로써 한국 사회에 부처님의 근본명상법을 널리 알리는 계기를 마련하였으며, 1998년에는〈마음이 평화로워지는 9가지 원리〉를 내었다. 현재 경기도 안성의 한 시골마을에서 집필과 명상에 전념하는 한편 간간이 기업체와 명상원에 출강하여 독자와 만나기도 한다.

시조로 읽는 법구경

불기 2542년(1998) 8월 25일 1판 1쇄 발행
불기 2548년(2004) 2월 15일 1판 2쇄 발행

지은이 —— 김 정 빈
펴낸이 —— 이 규 택

펴낸곳 경 서 원

110 - 170 서울·종로구 견지동 55 - 2
登錄 1980. 7. 22. 제1 - 37호
☎ (02) 733 - 3345~6
FAX 722 - 7787

♣ 판권소유 복제불허   값 7,000 원